AVRIL ROWLANDS

KANN EiN WAL DENN BAUCHWEH HABEN?

Spannende Bibelgeschichten
aus dem Zirkuswagen

BRUNNEN
Verlag GmbH · Giessen

Titel der englischen Originalausgabe:
The Animal Caravan. The Journey Begins. Adventures
through the Bible with Caravan Bear and friends
© 2018 Lion Children's Books
an imprint of Lion Hudson Limited
Wilkinson House, Jordan Hill Business Park, Banbury
Road, Oxford OX2 8DR, England
www.lionhudson.com/lionchildrens
Text © 2018 Avril Rowlands

Deutsch von Julian Müller
Lektorat: Irmtraut Fröse-Schreer

Deutsche Ausgabe:
© 2019 Brunnen Verlag GmbH, Gießen
Gottlieb-Daimler-Str. 22, 35398 Gießen
www.brunnen-verlag.de
Umschlagmotiv und Illustrationen: Thomas Vogler
Umschlaggestaltung: Daniela Sprenger
Satz: DTP Brunnen
Druck: CPI – Ebner & Spiegel, Ulm
ISBN 978-3-7655-6196-2

Inhalt

Das Abenteuer beginnt

Es war Frühling geworden und Hector, das Pferd, hielt seine Nüstern in die warme, herrliche Luft. Die Sonne schien ihm wohlig auf den Rücken, die Vögel zwitscherten einander beim Nestbau zu und an den Bäumen rings um die Koppel leuchteten hellgrüne Blätter. Überall roch es frisch und neu.

Hector schwang die Hufe. „Es wird Zeit!", rief er und galoppierte im Kreis am Zaun entlang. „Wir müssen auf Reisen gehen!"

In dem kleinen Garten neben der Koppel wedelte Elli, die Hündin, aufgeregt mit dem Schwanz. „Wach auf, Bruno! Der Frühling ist da."

„Ich schlafe doch gar nicht", brummte Bruno Bär und trat vor sein Haus. Mit einem Pinsel und einem großen Farbeimer tapste er durch den Garten. „Ich bin schon seit Stunden wach und male den Wagen an. Er soll ja hübsch aussehen, wenn wir losfahren."

„Das sieht mir aber gar nicht danach aus", erwiderte Elli. „Du hast nicht den Wagen, sondern dich selbst angemalt!" Elli hatte recht. Bruno war über und über mit roter und gelber Farbe bekleckst.

„Ach du liebe Scheune! Aber macht nichts. Ich bin fast fertig. Dann muss ich nur noch unsere Vorräte verstauen und wir können aufbrechen."

„Wohin fahren wir denn?"

„Nach überall und nirgends", sagte Bruno.

Der Bär schmunzelte. Noch vor ein paar Monaten hatte er überhaupt keinen Wagen gehabt. Und ein Pferd auch nicht. Im letzten Herbst war er mit Elli spazieren gewesen und da hatten sie am Rand eines Feldes halb in einer Hecke versteckt einen liegen gebliebenen Wagen gefunden. Elli war natürlich sofort hingerannt, um ihn sich genauer anzusehen. Bruno war ihr gleich gefolgt.

Als er näher kam, hatte er die Überreste eines alten Zirkuswagens erkannt. Er war früher rot angemalt gewesen und hatte gelbe Räder. Aber die meiste Farbe war bis auf das nackte Holz abgeblättert. Überall rings um den Wagen wuchsen Unkraut und hohes Gras. Er sah aus, als hätte er schon sehr, sehr lange dort gestanden.

Bruno versuchte hineinzugucken, aber die Tür war viel zu hoch.

„Hier liegt eine kleine Treppe!", rief Elli, die

längst überall herumschnüffelte. Zusammen zogen sie die Treppe zum Wagen, hängten sie vorn ein und kletterten hinauf.

Drinnen sahen sie ein großes Bett an der hinteren Wand, eine Kommode auf der einen Seite und einen Schrank und einen Ofen auf der anderen. Ein kaputter Stuhl lag in der Mitte. Während sie noch dastanden, rannte eine Mäusefamilie quer über den Boden und flitzte durch ein großes Loch in der Wand nach draußen.

„Oh", sagte Bruno. „Ist das schön!"

„Ist es nicht!", widersprach Elli. „Hier ist alles kaputt und dreckig und durch das Loch hat es reingeregnet." Sie rümpfte die Schnauze. „Und außerdem stinkt es erbärmlich."

„Das würdest du auch, wenn du für wer weiß wie lange draußen am Feldrand gestanden hättest", sagte Bruno und kletterte in den Wagen. „Man könnte es sich hier so richtig gemütlich machen", meinte er und malte sich aus, wie schön er den Wagen herrichten würde: glänzendes Holz, Töpfe und Tassen und Teller an Haken über der Kommode, ein Tisch und ein Stuhl mit einem weichen Kissen, Lampen mit warmem Lichtschein und ein bunter kleiner Teppich. „Ich könnte den Wagen doch reparieren.

7

Und dann gehen wir im Frühling und Sommer damit auf Reisen."

„Wieso?"

„Wieso nicht? Wir könnten ganz neue Orte kennenlernen und lauter Abenteuer erleben!"

Elli bellte laut. Das hörte sich nach einer sehr guten Idee an.

Bruno lächelte und dachte daran zurück, wie er den Bauern gefragt hatte, ob er den Zirkuswagen verkaufen würde.

„Das alte Ding?", hatte der Bauer gerufen. „Wenn du ihn von der Stelle bekommst, kannst du ihn geschenkt haben."

„Oh, vielen Dank!"

„Ich wollte schon Brennholz draus machen."

„Bitte nicht!", rief Bruno erschrocken.

„Aber wie willst du ihn bewegen?", fragte der Bauer.

Bruno kratzte sich am Kopf. „Ich weiß nicht. Darüber habe ich noch nicht nachgedacht …"

„Also", sagte der Farmer mit einem hinterlistigen Blick. „Wenn du mein altes Pferd dort drüben kaufen willst …"

Bruno sah zum Tor, wo mitten im Schlamm ein Pferd stand. Es war dreckig und sah ganz traurig aus. Durch sein struppiges Fell konnte man jede Rippe sehen, so dünn war das arme Tier.

„Nun ja …"

„Du brauchst ein Pferd, um den Wagen zu ziehen. Und ziehen kann das da gut. Wahrscheinlich kann es sogar noch viel mehr."

„Es sieht aber nicht gerade stark aus …"

„Doch, doch, das ist es", versicherte der Bauer. „Es heißt übrigens Hector."

Hector, das Pferd, hob den Kopf und Bruno erschrak, wie traurig und trüb seine Augen ihn anblickten.

„Na gut", brummte Bruno schließlich und gab dem Farmer einen großen Batzen Geld für ein Pferd, das nicht im Geringsten so wirkte, als könnte es überhaupt irgendwas ziehen.

Aber das täuschte. Hector war stärker, als er aussah. Er war so froh, den Bauernhof endlich verlassen zu können, dass er flugs den Wagen aus der Hecke über das Feld auf die Straße und bis in das Dorf zog, wo Bruno und Elli wohnten.

Den ganzen Winter über legte sich Bruno mächtig ins Zeug. Zuerst baute er auf dem Feld neben seinem Haus einen Stall und eine Koppel für Hector. Er gab dem Pferd viel frischen Hafer zu fressen, bis man seine Rippen nicht mehr sah und das Fell wieder seidig schimmerte. Dann hämmerte und sägte, putzte und malerte Bruno, bis der Wagen in der Frühlingssonne glänzte.

„Na los!", rief Elli. „Wir haben nicht den ganzen Tag Zeit!"

„Oh doch", erwiderte Bruno. „Wir haben den ganzen Frühling und den Sommer Zeit."

Dann lächelte er.

***

Am selben Tag schnupperte auch der kleine Hase Christopher beim Aufwachen die frische Frühlingsluft. Und noch etwas war irgendwie anders heute … Natürlich! Mit einem Satz hüpfte Christopher aus dem Bett. Heute war sein Geburtstag! Er lachte vor Freude – doch einen Augenblick später verging es ihm wieder. Heute war zwar sein Geburtstag, aber niemand hatte ihm ein Geschenk gebracht. Nicht mal eine Geburtstagskarte hatte er bekommen.

„Das ist bestimmt meine Schuld", dachte der kleine Hase. „Ich kenne ja fast keine anderen Tiere. Wie sollte da irgendjemand wissen, wann ich Geburtstag habe? Leider habe ich überhaupt keine

Freunde. Jedenfalls keine echten. Ich weiß doch gar nicht, wo und wie man welche findet!"

Eigentlich war Christopher sehr schüchtern, aber vor ein paar Tagen hatte er trotzdem einen Stapel Einladungskarten zu seiner Geburtstagsfeier an die Tiere in der Nachbarschaft geschrieben. Und jede Menge Essen hatte er auch besorgt.

Aber niemand kam.

Christopher seufzte, setzte sich an den Küchentisch und aß sein Geburtstagsessen selbst – oder zumindest so viel, wie er konnte. Als er fertig und sehr, sehr satt war, traf er eine Entscheidung.

„Es hat keinen Sinn, wenn ich hier sitze und Trübsal blase", sagte er laut zu sich selbst. „Ich muss losziehen und Freunde finden."

Christopher setzte seinen Hut auf, ging nach draußen, folgte dem Weg durch den Garten … und stolperte über ein Paket, das mitten auf der Straße lag.

Das Paket war in Goldpapier eingewickelt und hatte eine silberne Schleife. Ein kleines Schild an einer Schnur wehte im Wind. „HASE CHRISTO-PHER" stand in großen handgeschriebenen Buchstaben darauf.

Christopher starrte ungläubig auf das Paket.

Es war ein Geschenk! Jemand hatte ihm ein Geschenk geschickt!

Der kleine Hase vergaß, dass er mitten auf der Straße saß (was sehr gefährlich sein kann), und riss das Papier auf. Im Paket lag ein Buch. DIE BIBEL stand darauf. Christopher klappte das Buch auf. Auf der ersten Seite stand „Lies mich" in derselben Handschrift wie auf dem Schildchen.

„Seltsam", dachte Christopher.

Und da passierte das nächste Seltsame.

„Klapperdiklapp, klapperdiklapp!"

Ein Pferd galoppierte die Straße herunter und hielt genau auf den kleinen Hasen zu. Es zog einen roten Zirkuswagen mit gelben Rädern, der gefährlich von einer Seite zur anderen schwankte. Oben auf dem Kutschbock klammerten sich ein kleiner Bär und ein noch kleinerer Hund fest.

„Aus dem Weg!", rief das Pferd.

Christopher stand auf und hielt seine rechte Pfote hoch.

„Halt!", rief er. Dann kniff er die Augen zu und machte sich auf den Aufprall gefasst.

Das Pferd kam nur wenige Zentimeter vor ihm zum Stehen.

„Was sollte das denn? Warum stellst du dich uns

in den Weg?!", rief Hector wütend. „Ich hatte gerade so viel Spaß."

Bruno kletterte mit schlotternden Knien vom Kutschbock herunter. „Vielen Dank", sagte er. „Wenn Hector noch schneller gerast wäre, wäre der Wagen bestimmt umgekippt."

„Das hätte mich auch nicht gewundert", sagte Christopher. „Heute passieren nämlich lauter seltsame Dinge."

„Wieso?", wollte Elli wissen. „Was denn noch?"

„Ein Buch. Es lag hier mitten auf der Straße mit meiner Adresse darauf. Ich bin fast darüber gestolpert."

„Und wieso lag es auf der Straße?", fragte Hector.

„Weiß ich nicht."

„Von wem kommt es denn?", hakte Elli nach.

„Weiß ich auch nicht. Ich habe heute Geburtstag und das Buch ist bisher das Einzige, das aussieht wie ein Geschenk."

„Dann ist die Sache doch geklärt", fasste Bruno zusammen. „Das ist ein Geburtstagsgeschenk."

„Ja, aber ich weiß nicht, von wem. Bei wem soll ich mich denn dafür bedanken?"

„Steht denn sonst noch etwas auf dem Buch?", fragte Hector.

„Nur ‚Lies mich‘“, antwortete Christopher.

Die Tiere überlegten.

„Vielleicht kommt es ja von Gott“, brummte Bruno.

„Aber wieso sollte Gott mir ein Buch schicken?“

Bruno zuckte die Achseln. „Vielleicht, damit du es liest?“

Christopher schlug das Buch auf und fing an zu lesen. Bald war er so sehr darin vertieft, dass er alles um sich herum vergaß.

„Da stehen lauter spannende Geschichten drin“, sagte er schließlich.

Hector schnaubte. „Es ist ziemlich langweilig, hier mitten auf der Straße herumzustehen, während du dein Buch liest. Warum machst du uns nicht endlich Platz? Wir wollen weiter.“

Christopher blickte auf. „Wohin wollt ihr denn?“

„Na ja, nach hier …“, setzte Bruno an.

„Und nach dort …“, ergänzte Elli fröhlich.

„Wohin wir eben Lust haben“, fügte Hector hinzu.

Christopher dachte kurz nach. „Ich war noch nie ‚hier‘ und ‚dort‘. Und in ‚Wohin wir eben Lust haben‘ schon gar nicht.“ Für ihn hörten sich diese Orte sehr aufregend an.

„Dann nehmen wir ihn eben mit", meinte Hector ungeduldig. „Er kann auf der Reise in seinem großen Buch lesen und wenn wir Pause machen, erzählt er uns die Geschichten."

„Oh, wirklich?", fragte Christopher zaghaft. „Ich möchte euch keine Umstände machen …"

„Na los", bellte Elli. „Wir haben nicht den ganzen Tag Zeit!"

„Na, komm schon", brummte Bruno freundlich. „Wir nehmen dich gerne mit."

Das ließ sich Christopher nicht zweimal sagen. Er hob sein Buch auf und kletterte in den Wagen.

Er hatte tatsächlich Freunde gefunden!

Die Sache mit dem Apfel

„Aber nicht mehr so schnell, Hector", sagte Bruno. „Das war genug Aufregung für einen Tag."

Hector schnaubte verächtlich und galoppierte los.

Sie fuhren übers Land. Bruno behielt die Straße im Auge und Elli betrachtete die vorüberziehende Landschaft. Christophers Nase jedoch steckte die ganze Zeit zwischen den Buchdeckeln.

Als die Sonne unterging, verließ Hector die Straße. Er hielt auf einer Wiese im Schutz eines großen Baumes an.

Christopher schaute von seinem neuen Buch auf. „Wieso halten wir an?"

„Ich bin müde", sagte Hector.

„Und ich hab einen Bärenhunger", meinte Bruno.

„Und außerdem wird es bald dunkel und ich fürchte mich im Dunkeln", fügte Elli hinzu.

Sie aßen gemeinsam Abendbrot und dann zündete Bruno alle Lampen im Wagen an. Einer nach dem anderen machte es sich drinnen gemütlich, außer Hector – er steckte den Kopf durch das offene Fenster herein.

„Und jetzt eine Geschichte!", brummte Bruno.

„Wo soll ich anfangen?", fragte Christopher.

„Wieso nicht ganz vorne?", schlug Bruno vor und alle hielten das für eine sehr gute Idee.

„Die erste Geschichte in meinem Buch handelt von einem Garten."

„So wie der hier", sagte Elli.

Christopher sah aus dem Fenster. „Nein, nicht wie der hier. Das hier ist bloß eine Wiese und kein Garten. Die Wiese ist schön, aber der Garten in der Geschichte war *wunder*schön. Gott hatte ihn angelegt und dort wuchsen alle möglichen Blumen und alle möglichen Bäume und das Gras war grün und saftig. Er hieß Garten Eden."

„Gab es auch Hunde?", wollte Elli wissen.

„Von Hunden ist in der Geschichte nicht die Rede", antwortete Christopher, „aber das heißt nicht, dass es keine gab."

„Und Pferde?", fragte Hector.

„Werden auch nicht erwähnt."

„Bären?", wollte Bruno wissen.

Christopher schüttelte den Kopf. „Ich weiß noch nicht einmal, ob es Hasen gab."

„Bisschen langweilig, deine Geschichte", fasste Hector zusammen.

„Nein, überhaupt nicht", sagte Christopher. Er hatte Angst, dass die anderen Tiere ihn aus dem Wagen werfen würden, wenn ihnen die Geschichte nicht gefiel. Und dabei wusste er noch nicht einmal, wo sie hier gerade waren. Und Angst vorm Dunkeln hatte er auch.

Schnell erzählte er weiter. „Mitten im Garten pflanzte Gott zwei Bäume. Den Baum des Lebens und den Baum der Erkenntnis von Gut und Böse."

„Komische Namen", sagte Elli.

„Wieso sind das so komplizierte Namen?", ärgerte sich Hector. „Wieso heißen die nicht einfach ‚Eiche' oder ‚Esche'?"

„Weiß ich nicht", sagte Christopher. „Nachdem Gott den Garten fertig hatte, machte er Menschen. Er machte den ersten Mann und nannte ihn Adam. Dann machte er die erste Frau und nannte sie Eva."

„Adam gefällt mir nicht", sagte Hector. „Ich finde Hector schöner."

„Aber dich hat Gott nicht gefragt", blaffte Elli.

„Adam und Eva sahen an sich herunter. Sie betrachteten ihre Arme und ihre Beine. Was sie sahen, fanden sie gut. Sie atmeten die frische Luft ein. Was sie rochen und fühlten, fanden sie gut. Dann sahen sie sich um und bemerkten den wunderschönen Garten, den Gott gemacht hatte.

‚Er gehört euch', sagte Gott. ‚Aber eins noch: Ihr könnt überall hingehen und von allen Früchten essen, die ihr mögt. Nur die von diesem einen Baum dort drüben nicht.'"

„Wieso? Waren sie giftig?"

„Wahrscheinlich. Gott erklärte Adam und Eva, dass sie sterben müssten, wenn sie die Früchte äßen.

‚Danke für den wunderschönen Garten', sagten Adam und Eva und spazierten los. Gott sah ihnen nach und fand, dass sie ein wenig einsam und verloren in dem großen Garten aussahen."

„Armer Adam", schniefte Hector.

„Arme Eva", fügte Elli hinzu.

„Deswegen machte Gott viele verschiedene Tiere und brachte sie zu Adam und Eva, damit sie ihnen Namen geben."

„So wie Hector, oder?"

„Nein, eher so wie ‚Pferd'", antwortete Christopher.

Elli bellte. „Wir haben doch schon herausgefunden, dass es in dieser Geschichte keine Pferde gibt."

„Und wie habe ich dann meinen Namen bekommen?", wollte Hector wissen.

Niemand wusste die Antwort.

„Warum hat Gott überhaupt Menschen gemacht?", überlegte Elli.

„Keine Ahnung", sagte Christopher.

„Und wieso wollte er sie in seinem Garten haben?" Elli war nicht zufrieden. „Es hätte doch gereicht, wenn er nur die Tiere gemacht hätte, also Vögel, Insekten und Pferde und …"

„Und Fische", fügte Bruno hinzu.

„In einem Garten gibt es doch keine Fische!", hielt Hector dagegen. „Es sei denn, es gibt einen Teich."

Christopher überlegte. „Bestimmt wollte Gott, dass Adam und Eva sich um den Garten kümmern, wenn er mal nicht da ist."

„Bestimmt hatten sie ein Gemüsebeet", vermutete Hector. Bevor er dem Bauern gehört hatte, hatte er in einem Nutzgarten gearbeitet und deshalb wusste er sehr viel über Gemüse.

„Abends kam Gott und unterhielt sich mit Adam und Eva."

„Und worüber?", fragte Elli.

„Na ja, was sie am Tag so gemacht hatten, wie das Wetter war und so was", mutmaßte Christopher.

„Und was hat Gott den ganzen Tag gemacht?", fragte Bruno. „Gegärtnert?"

„Davon steht nichts in der Geschichte", antwortete Christopher. „Aber Gott hat sich bestimmt ausgeruht und erst mal Pause gemacht. Schließlich hatte er gerade sechs Tage lang die Welt geschaffen. Da war er sicher müde."

Alle waren sich einig, dass Gott nach der Schöpfung eine Pause verdient hatte.

„Adam und Eva lebten glücklich im Garten, bis Eva auf die Schlange traf."

„Von einer Schlange war nie die Rede!", rief Bruno empört.

„Die habe ich mir aufgespart", antwortete der Hase. „Hab ich doch gesagt, dass die Geschichte spannend wird."

„Schlangen mag ich nicht", meinte Elli und schüttelte sich. „Gesehen habe ich zwar noch keine, aber viel von ihnen gehört …"

„Wieso gibt es überhaupt eine Schlange in der Geschichte, aber keinen Hund, kein Pferd und keinen Bären?", beschwerte sich Hector.

„Weiß ich doch nicht! Ich hab die Geschichte ja nicht geschrieben", seufzte Christopher. „Einen Hasen gibt es auch nicht, aber ich jammere nicht deswegen. Soll ich nun weitererzählen oder nicht?"

Seine drei Freunde waren einverstanden.

„Die Schlange war schlau und sehr hinterlistig. ‚Glaub mir', sagte sie zu Eva. ‚Ihr werdet nicht sterben, wenn ihr vom Baum der Erkenntnis von Gut und Böse esst. Gott wollte euch bloß Angst einjagen. Er will eben nicht, dass ihr genauso klug und weise seid wie er', zischte die Schlange. ‚Aber wenn ihr von der Frucht esst, dann werdet ihr es.'

Eva betrachtete die Früchte genauer. Sie sahen reif und sehr lecker aus. Außerdem stellte sich Eva vor, wie toll es wäre, so klug und weise zu sein wie Gott.

Tag für Tag folgte die Schlange Eva, bis die Frau schließlich weich wurde: Sie pflückte sich eine Frucht, biss hinein und gab den Rest Adam."

„War das ein Apfel?", wollte Elli wissen.

„Es steht nicht da, was es war", erwiderte Christopher.

Bruno stand auf. „Bei dem vielen Gerede über Essen wird man ja ganz hungrig", sagte er. „Möchte jemand Kräcker mit Käse?"

Gemeinsam machten sie sich über die Kräcker und den Käse her. Nur Hector wollte lieber Hafer haben.

„Eins verstehe ich nicht", sagte Elli plötzlich. „Warum war es der Schlange so wichtig, dass Eva die Frucht isst?"

„Vielleicht wollte sie einfach allen den Spaß verderben", nuschelte Hector mit vollem Maul. „Manche Tiere sind so. Sie wollen einfach alles kaputt machen."

„Oder die Schlange war eifersüchtig auf Adam und Eva", überlegte Christopher.

„Könnte sein", sagte Elli. „Ob Gott sich abends auch mit der Schlange zum Erzählen getroffen hat? Bestimmt nicht, oder?"

Bruno kaute auf seinem Kräcker mit Käse und dachte nach. „Wenn Gott die ganze Welt geschaffen hat, wieso hat er überhaupt so etwas Gemeines wie die Schlange gemacht?"

„Oder Spinnen!" Elli schüttelte sich. „Ich hasse Spinnen."

Christopher überlegte. „Weiß ich nicht. Aber er hatte bestimmt seine Gründe."

„Also ich finde es unfair von Gott, so einen Baum mit leckeren Früchten in den Garten zu pflanzen und dann Adam und Eva zu verbieten, davon zu essen", fand Elli und schnappte sich den letzten Kräcker.

„Wieso?", hakte Hector nach.

„Weil es sie doch nur dazu einlädt, etwas Verbotenes zu tun." Elli mopste sich auch das letzte Stück Käse.

„Das finde ich gar nicht unfair", sagte Bruno.

„Der Garten gehörte doch Gott. Dann darf er auch darüber bestimmen und die Regeln machen. Das hier ist mein Zirkuswagen und ich habe auch meine Regeln."

„Wusste gar nicht, dass es bei dir Regeln gibt", murmelte Elli mit vollem Mund.

„Die gibt es sehr wohl. Zum Beispiel, dass man nicht gierig sein soll und sich einfach den letzten Kräcker und Käse nimmt. Du hättest sie unserem Gast anbieten sollen."

„Tut mir leid", sagte Elli kleinlaut.

„Und was man dreckig gemacht hat, muss man auch wieder sauber machen." Bruno guckte auf den Berg von Krümeln, der sich um Elli herum aufgetürmt hatte. Alle schwiegen, während sie die Krümel wegmachte.

„Und was passierte dann?", fragte Hector.

„Gott kam dazu", sagte Christopher.

„Na, das gibt Ärger." Elli schüttelte den Kopf.

„Riesenärger", fügte Bruno hinzu.

„Was haben Adam und Eva gemacht?"

„Sich versteckt. Weil sie wussten, dass sie Gott nicht gehorcht hatten."

„Hätte ich auch so gemacht", sagte Elli. „Ich hätte mich auch versteckt."

„Hat Gott sie geschlagen?", fragte Hector. „Der Bauer hat mich auch immer geschlagen, aber einmal habe ich ihm einen kräftigen Tritt verpasst und danach hat er sich nicht mehr getraut."

„Gott schlägt niemanden", erwiderte Christopher. „Das ist nicht seine Art."

„Oh." Hector klang fast ein wenig enttäuscht.

„Als er Adam und Eva gefunden hatte, sagte Gott: ‚Warum habt ihr von den Früchten gegessen, die ich euch verboten hatte?'

‚Also, ich bin nicht schuld', erwiderte Adam. ‚Eva wars. Sie hat mich überredet.'

‚Und ich bin auch nicht schuld', verteidigte sich Eva. ‚Die Schlange ist schuld. Sie hat mich ausgetrickst.'"

„Ich hoffe, Gott hat es der Schlange gezeigt", meinte Hector. „Sie war echt gemein."

„Ich weiß nicht, ob wirklich nur die Schlange schuld ist", überlegte Christopher. „Eva hätte doch Nein sagen können. Und Adam auch. Es ist immer leicht, jemand anderem die Schuld zu geben."

„Mir gibt man auch immer die Schuld", stellte Hector traurig fest.

„Wofür denn?"

„Für alles."

„Also, das stimmt so nicht", widersprach Bruno. „Aber meistens bist du nun mal schuld."

„Woran denn?", wollte Christopher wissen.

„An allem", meinte Bruno.

„Aber was hat Gott denn nun gemacht, wenn er sie nicht geschlagen hat?" Elli wollte endlich den Rest der Geschichte hören.

„Gott war sehr traurig. Er hatte Adam und Eva diesen tollen Garten gegeben, mit leckeren Früchten und Gemüse, aber sie hatten alles verdorben. Sie mussten den Garten verlassen, obwohl sie dort so glücklich gewesen waren, und Gott stellte einen Engel mit einem Schwert vor den Eingang, damit niemand an den Baum des Lebens kam."

„Ganz schön harte Strafe", stellte Bruno fest.

„Na ja", meinte Christopher, „sie haben eben Gottes Regeln gebrochen. Aber er hat ihnen trotzdem versprochen, dass er immer für sie da ist, wenn sie Hilfe brauchen."

Christopher klappte das Buch zu.

„Und was passierte dann?", wollte Elli wissen.

„Das ist eine andere Geschichte."

„Und es ist spät und ich bin müde", brummte Bruno. „Höchste Zeit, dass wir schlafen gehen."

Bevor Christopher ins Bett ging, schlich er leise aus dem Wagen und lief auf die Wiese.

Die Äste der Bäume wiegten sich im Wind. Darüber erstreckte sich der schwarze Himmel. Er war von funkelnden Sternen übersät.

„Danke, lieber Gott, dass du mir Freunde geschenkt hast", flüsterte Christopher. „Und danke für das Buch mit den Geschichten."

Auf einmal war der kleine Hase sehr müde. Gerade wollte er die Stufen zum Wagen hinaufklettern, da hörte er ein Rascheln. Etwas Hartes traf ihn am Kopf und hüpfte die Treppe ins Gras hinunter.

Christopher bückte sich und hob es hoch. Es war ein kleiner, schrumpliger Apfel, bestimmt der letzte vom ganzen Baum.

Gans viel Streit

„Was ist das für ein Krach?", schimpfte Elli und steckte den Kopf aus dem Fenster. Sie hatten auf einer Wiese am Ufer eines großen Sees haltgemacht.

„Da sind zwei Gänse." Bruno stieg gerade die Stufen zum Wagen hinauf. „Ich glaube, sie streiten sich."

Eine Ente watschelte vorbei. „Das sind Greta und Georg", sagte sie. „Bruder und Schwester. Georg ist ein richtiger Tyrann. Er muss Greta ständig ärgern. Ich bin froh, wenn sie endlich wieder den Abflug machen."

„Ich fliege vorneweg, wenn wir uns auf den Weg machen!", rief eine der Gänse. Es war Georg.

„Nein, ich!", erwiderte Greta. „Unser Gänseschwarm wollte das so."

„Dann ist der Gänseschwarm eben doof!", rief Georg.

Er plusterte sich auf, flatterte wild mit den Flügeln und zischte bedrohlich. Dann kreiste er über dem See, schnappte immer wieder nach Greta und riss ihr dabei einzelne Federn aus.

„Hör sofort auf damit!", rief Bruno.

„Ich bin der Ältere", schrie Georg und schlug mit den Flügeln, „und deswegen führe ich die Gänse auf unserem Rückweg nach Norden auch an! Greta ist bloß neidisch, weil sie nicht das Sagen hat!"

„Wenn hier einer neidisch ist, dann du", zischte Greta.

Georg flog wieder kreischend auf sie zu und hackte nach ihr.

„Wenn er ihr noch mehr Federn ausreißt, dann reichen sie bald für ein Kissen", stellte Elli fest. „Und ich könnte ein schönes Gänsefederkissen gut gebrauchen."

Christopher steckte den Kopf aus der Wagentür. „Wenn ihr aufhört, miteinander zu streiten, erzähle ich euch eine Geschichte."

„Aber nur, wenn es eine kurze ist", zischte Georg. „Der Wind hat gedreht und wir müssen uns schnell auf den Weg machen."

„Es ist eine traurige Geschichte über zwei Brüder."

„Ich hätte lieber eine schöne Geschichte über zwei Schwestern", meinte Greta.

„Die beiden hießen Kain und Abel", fuhr Christopher fort. „Sie wohnten zusammen mit ihren Eltern Adam und Eva auf einem Hof."

„Die Geschichte kennen wir doch schon", maulte Hector.

Christopher ließ sich nicht davon beirren.

„Kain war älter als Abel. Als sie größer wurden, kümmerte sich Kain um die Äcker und Felder. Abel sorgte für die Viehherden und Tiere.

Die beiden Brüder waren sehr unterschiedlich. Kain regte sich leicht auf und wurde schnell wütend. Er suchte gern Streit. Abel war ruhiger und sanftmütiger als sein Bruder. Er ging dem Streit lieber aus dem Weg."

„Ich bin wie Abel", stellte Greta fest. „Bei uns fängt Georg immer an zu streiten."

„Von wegen!", rief Georg. „Das glaubst du doch selber nicht!"

Die beiden Geschwister funkelten sich wütend an.

Christopher setzte sich auf die Stufen des Wagens. „Im Herbst zur Erntezeit brachte jeder der beiden Brüder Gott ein Geschenk."

„Wieso das denn?", fragte Bruno.

„Na, bestimmt wollten sie Gott damit bestechen", meinte Hector. „So ähnlich wie du, als du mir eine Extraportion Hafer versprochen hast, damit ich den Wagen noch ein Stückchen weiter ziehe."

„Das kannst du doch nicht vergleichen. Das ist doch ganz was anderes", widersprach Bruno etwas verschämt.

„Gott kann man nicht bestechen, glaube ich", sagte Christopher. „Und das waren bestimmt keine Bestechungsgeschenke. Es war eher ein Dankeschön an Gott für die gute Ernte und für die wachsende Schafherde. Kain brachte Getreide, Abel eins seiner besten Lämmer."

„Ich mag Geschenke", sagte Elli mit einem Lächeln. „Zum Beispiel fände ich ein weiches Federkissen sehr schön."

„Man bittet aber nicht um Geschenke", wies Bruno die kleine Hündin zurecht. „Dann ist man auch nicht enttäuscht, wenn man keine kriegt."

„Erzähl endlich weiter!", zischte Georg ungeduldig.

Das ließ Christopher sich nicht zweimal sagen. „Kain spürte, dass Gott nicht mit ihm zufrieden war. Vielleicht lag es daran, dass Abel Gott das Beste gegeben hatte, was er besaß, aber Kain bloß schlechtes Getreide."

„Also nur dünne Halme, die sowieso keiner essen will?", fragte Hector.

„Das könnte doch sein."

„Wieso war Gott das überhaupt wichtig?"

„Vielleicht erkannte Gott daran, dass Kain ihm nicht von Herzen Dankeschön sagen wollte, sondern nur weil er musste. Kain war sowieso davon überzeugt, dass Gott Abel lieber mochte, und das fand er bestimmt unfair."

„Das Leben ist oft unfair", sagte Hector traurig.

„Hat Gott Abel denn wirklich lieber gehabt als Kain?", fragte Elli.

„Ich glaube, Gott liebt alle gleich", antwortete Christopher. „Vielleicht fand er Kains Geschenk wirklich nicht so gut, aber Gott liebte ihn bestimmt ganz genauso sehr wie seinen Bruder Abel.

Aber davon war Kain nicht überzeugt und deshalb wurde er immer eifersüchtiger auf Abel.

‚Dem werd ichs zeigen', dachte er, als Abel seine Schafe auf die Weide trieb."

„Und wieso hat Gott nicht eingegriffen?", fragte Elli.

„Er hätte mit ihm schimpfen sollen." Hector war empört.

„Hat er auch", sagte Christopher, „aber Kain hörte nicht auf ihn. Bald hasste er seinen Bruder so sehr, dass er an nichts anderes mehr denken konnte." Der Hase legte eine Pause ein.

„Weiter!", rief Greta.

„Nicht aufhören!", drängelte Georg und war sich zumindest in diesem Punkt mal einig mit seiner Schwester.

Christopher warf den beiden einen strengen Blick zu, bevor er wieder in sein Buch schaute. „Eines Tages lud Kain seinen Bruder Abel zu einem Spaziergang ein. Als das Dorf außer Sichtweite war, fiel Kain plötzlich über Abel her und tötete ihn."

„War Abel wirklich tot?", jaulte Elli auf.

„Mausetot", bestätigte Christopher.

„Das ist ja furchtbar", winselte Elli. „Das ist eine schreckliche Geschichte!"

„Ich habe euch gesagt, dass sie traurig ist. Nicht alle Geschichten in der Bibel sind schön."

„Trotzdem sind es wichtige Geschichten", warf Bruno ein.

„Also, mir macht ein bisschen Blut überhaupt nichts aus", sagte Hector.

„Ach ja? Wer hat denn gleich geheult, als er sein Knie an einem dornigen Zweig aufgekratzt hat?"

„Das ist doch ganz was anderes. Das hat nämlich sehr wehgetan."

„Was ist denn mit Kain passiert?", flüsterte Greta gespannt.

Christopher sah ins Buch. „Gott ging zu ihm hin und fragte ihn nach seinem Bruder Abel."

„Wieso das denn?" Elli runzelte die Stirn. „Ich meine, Abel lag doch mausetot da. Gott hat ihn doch gesehen."

„Bestimmt wollte er wissen, ob Kain ehrlich zu ihm ist", meinte Bruno.

„Und war er ehrlich?" Georgs Stimme war plötzlich sehr leise.

„Nein", antwortete Christopher. „Kain rief nur wütend: ‚Woher soll ich wissen, wo Abel steckt? Ich bin doch nicht sein Kindermädchen!'"

„So sollte man aber nicht mit Gott reden." Bruno schüttelte den Kopf.

„Und seinen Bruder sollte man auch nicht umbringen", fügte Hector hinzu.

„Was hat Gott gemacht?", fragte Greta.

„Ihn tot umfallen lassen?", fragte Georg.

„Nein. Er schickte Kain für immer von seinem Zuhause und seiner Familie weg. Und dann machte Gott ein Zeichen auf Kains Stirn, damit niemand ihm etwas tun sollte."

„Wieso das denn?"

„Vielleicht wollte Gott ihm vergeben und er sollte eine zweite Chance bekommen. Vielleicht wollte Gott damit zeigen, dass jedes Leben wichtig ist, also auch das von Kain.

Oder er wollte, dass alle Menschen, die Kain begegneten, erkannten, wozu Eifersucht und Hass führen können und wie schlimm es ist, wenn man sich von Streit und Zorn beherrschen lässt." Christopher klappte das Buch zu.

Es war so leise, dass man eine Stecknadel hätte fallen hören.

„Du kannst von mir aus vornewegfliegen, Georg", murmelte Greta nach einer Weile.

„Nein, lieber du", sagte Georg. „Unser Gänseschwarm hat ja dich gefragt."

Zusammen watschelten die beiden zurück zum See.

„Oh weh", seufzte die Ente. „Hoffentlich fangen die beiden nicht gleich wieder an zu streiten."

„Das hoffe ich auch." Christopher schaute den Geschwistern nach. Er fand es schade, dass er selbst keine Geschwister hatte. Selbst wenn man sich gelegentlich stritt, war es doch schöner, zu mehreren zu sein als ganz allein.

Traurig hoppelte er an diesem Abend über das Feld.

Da hörte er plötzlich lautes Flügelschlagen und

die Luft schien vom Rufen der Gänse erfüllt zu sein. Christopher sah, wie der Schwarm aufstieg, einmal den See umkreiste und dann nach Norden schwenkte. Erst flog eine Gans voreneg, nach einer Weile übernahm dann eine andere Gans die Führung …

Christopher hielt eine Pfote über die Augen, aber er konnte nicht erkennen, wer Greta und wer Georg war. Die Gänse flogen einfach zu hoch und zu schnell.

Es wurde wieder still. Christopher schaute zum Zirkuswagen hinüber. Aus den Fenstern leuchtete ihm einladend und freundlich Licht entgegen. Glücklich lächelte der Hase und dachte: „Ich habe zwar keine Geschwister, aber dafür habe ich gute Freunde gefunden. Danke, lieber Gott."

Er rannte zum Wagen zurück und setzte sich zu den anderen an den Abendbrottisch.

Ein toller Fischfang

„Mir ist langweilig." Elli saß am Flussufer und sah Bruno beim Angeln zu.

„Mir auch", sagte Hector und zupfte an einem Grasbüschel. „Wir sind schon seit Ewigkeiten hier und außerdem ist es viel zu warm."

„Viel zu warm und ich habe Hunger", fügte Elli hinzu. „Du hast es gut, Hector. Du kannst einfach Gras essen."

Hector rümpfte die Nase. „Das Gras hier schmeckt aber nicht."

Elli seufzte. „Aber du hast wenigstens was zu essen. Bruno fängt einfach nichts. Dabei hatte ich mich so auf gegrillten Fisch gefreut."

Bruno schaute sich um. „Nur Geduld", sagte er. „Hier gibt es genügend Fische. Bestimmt ist ein besonders großer für uns dabei."

Christopher sah von seinem Buch auf. „Soll ich euch eine Geschichte erzählen, solange wir warten?"

„Oh ja!"

„Am liebsten eine Geschichte, in der ein Fisch vorkommt", schlug Elli vor.

„Es gibt eine ganze Menge Geschichten über Fische. Aber diese hier ist besonders fischig." Christopher blätterte in seinem Buch. „Sie handelt von einem Mann, der hieß Jona. Eigentlich war er ein ganz normaler Mann. Er freute sich, dass er ruhig und zufrieden leben konnte."

„Tun wir das nicht alle?" Hector hatte aufgehört zu fressen.

„Aber dann geschah es", erzählte Christopher weiter. „Gott sprach mit ihm und schickte ihn in die Stadt Ninive. Dort sollte Jona den Leuten sagen, dass sie endlich vernünftig werden und ihr Leben ändern sollten. Sie waren nämlich böse und gemein geworden. Wenn sie sich nicht änderten, dann würde er – also Gott – vierzig Tage nach Jonas Warnung die ganze Stadt und alle Menschen, die dort lebten, vernichten."

„Warum hat Gott das den Leuten von Nin… Nino… wie auch immer nicht selbst gesagt?" Elli fand das sehr merkwürdig.

„Stimmt", pflichtete Bruno ihr bei. „Wieso musste Gott jemanden schicken, der die Drecksarbeit für ihn macht?"

Christopher kratzte sich am Kopf. „Er hatte bestimmt seine Gründe. Jedenfalls gefiel Jona der Auftrag überhaupt nicht. Kein klitzekleines bisschen. Er hatte nämlich schon von Ninive gehört. Ninive war die Hauptstadt des großen assyrischen Reiches und mit den Assyrern lag Jonas Volk ständig im Streit. Sie waren erbitterte Feinde. Da hatte Jona nun wirklich keine Lust, nach Ninive zu gehen."

„Was sollte er denn überhaupt dort machen?", fragte Hector.

„Vielleicht sich auf den Marktplatz stellen mit einem großen Plakat um den Hals und dazu ganz laut rufen, dass Gott böse auf die Leute war?", schlug Elli vor.

„Dann hätten sie ihn bestimmt verprügelt und aus der Stadt geworfen", erwiderte Christopher.

„Oder verprügelt und getötet und dann aus der Stadt geworfen."

Bruno holte seine Angel ein. Ein paar Algen baumelten am Haken. Der Bär seufzte enttäuscht und warf die Angel wieder aus, dieses Mal ein Stückchen weiter.

„Also ich wäre ganz bestimmt nicht nach Nino... also in diese Stadt gegangen", meinte Elli. „Wenn das wirklich so schlimm dort war ..."

„Vielleicht dachte Jona aber auch, dass Gott es nicht so meinte, als er sagte, er würde die Stadt und alle Leute vernichten. Gott ist doch freundlich und lieb", versuchte sich Christopher an einer Erklärung.

„Willst du damit sagen, dass die Leute aus Duweißtschonwo ihm nicht geglaubt hätten, wenn er mit einem Plakat um den Hals auf dem Marktplatz gestanden und gerufen hätte, dass Gott böse auf sie war?"

„Vielleicht hätten sie ihn einfach ausgelacht", sagte Hector.

„Oder ihn verprügelt und dann ausgelacht."

„Also ich glaube, dass Jona einfach Angst hatte", war Bruno überzeugt.

„Ich hätte ganz bestimmt Angst gehabt." Elli nickte.

„Ich auch", gab Christopher zu.

„Und ich wäre gar nicht erst hingegangen", sagte Hector. „Ich hätte mir unseren Zirkuswagen geschnappt und wäre in die entgegengesetzte Richtung abgehauen. So!"

Christopher nickte. „Genau das hat Jona auch gemacht. Na gut, er hat sich nicht den Wagen geschnappt. Er hatte nämlich keinen. Aber er ist nicht nach Ninive gegangen. Sondern er ist auf ein Schiff gestiegen, das in die entgegengesetzte Richtung gefahren ist."

„Das fand Gott bestimmt nicht gut", sagte Elli.

„Darauf kannst du wetten", nickte Hector.

„Gott hat damit gerechnet, glaube ich", sagte Christopher. „Weil er wusste, was für ein Mensch Jona war. Aber so richtig zufrieden war Gott natürlich trotzdem nicht, denn er schickte einen schweren Sturm. Nicht nur irgendein Stürmchen, das man auf See hin und wieder hat, sondern einen furchtbaren Sturm mit heulendem Wind und peitschendem Regen, Blitz und Donner und riesengroßen Wellen."

„Bei so einem Wetter werde ich seekrank", meinte Elli.

„Woher willst du das wissen?" Bruno sah die Hündin an. „Du warst doch noch nie auf einem Schiff."

„Das nicht, aber ich werde wagenkrank, wenn

Hector zu schnell läuft. Das ist doch bestimmt so ähnlich."

„Ich laufe nie zu schnell!"

„Doch."

„Nein!"

„Alle Seeleute wurden seekrank", fuhr Christopher eilig fort. „Sie hatten große Angst. Jona auch. Die Seeleute wollten herausfinden, wer schuld war am Sturm. Also schrieben sie die Namen von allen an Bord auf Zettel und mischten sie. Dann zogen sie einen davon und auf dem stand: Jona. Schnell holten die Seeleute ihn aus seiner Kabine.

,Ja, ich bin schuld', gab Jona zu. ,Gott hat mich nach Ninive geschickt, aber ich wollte nicht dahin und bin weggelaufen. Dabei kann man vor Gott gar nicht weglaufen. Es gibt nur eine Lösung, damit dieser Sturm aufhört. Ihr müsst mich über Bord werfen, ins Wasser.'

„Was?", rief Elli. „Das kann man doch nicht machen!"

„Ganz schön mutig von Jona", brummte Bruno nachdenklich. „Ich hätte mich das nicht getraut."

„Ich hätte schön den Mund gehalten und gehofft, dass alles bald vorbeigeht." Hector wiegte den Kopf.

„Ich auch", pflichtete ihm Christopher bei. „Aber

das zeigt doch, dass Gott uns besser kennt, als wir glauben."

Einen Augenblick herrschte Stille.

„Und was passierte dann?"

Christopher schaute wieder in sein Buch. „Die Seeleute warfen Jona ins Meer."

„Und dann hörte der Sturm auf?", fragte Bruno skeptisch.

„Oh ja", erwiderte Christopher. „Der Sturm legte sich sofort. Die Wellen fielen in sich zusammen und die Sonne kam heraus."

„Ist Jona ertrunken?", fragte Hector.

Christopher schüttelte den Kopf.

„Wieso nicht?"

„Vielleicht konnte er schwimmen", überlegte Bruno.

„Ich weiß nicht, ob er schwimmen konnte", meinte Christopher. „Es passierte nämlich etwas anderes: Er wurde von einem Wal verschluckt."

„Er wurde was?" Elli traute ihren Ohren nicht.

„Von einem Wal verschluckt. Na ja, es war ein großer Fisch, steht in der Geschichte, aber ich denke mal, es war ein Wal."

„Oder ein Delfin", meinte Bruno.

„Oder ein Hai", kam von Hector.

„Oder ein Seeungeheuer", sagte Elli.

„Wir nennen ihn jetzt einfach Wal", bestimmte Christopher.

„Wurde Jona ganz klein zerkaut?", fragte Elli mit schreckensweiten Augen.

„Das ist ja das Verrückte", erwiderte Christopher. „Er wurde überhaupt nicht zerkaut. Er rutschte an den Walzähnen vorbei und, schwupps, in den Magen."

„Iih." Elli zog die Nase kraus.

„Pfui", kam von Hector.

„Was passierte dann?" Bruno fand die Geschichte so spannend, dass er ganz vergaß, seine Angel wieder auszuwerfen.

„Drei Tage und drei Nächte blieb Jona im Walbauch."

„Da hatte er bestimmt mächtig Hunger", meinte Bruno.

„Wieso?" Hector dachte nach. „Er hätte doch die Fischreste essen können, die der Wal noch nicht verdaut hatte. Sozusagen zum zweiten Mal schlucken."

„Das klingt ja ekelig!", meinte Elli.

„Wer am Verhungern ist, der isst alles", sagte Bruno.

„Ich bin auch am Verhungern." Elli schaute Bruno vorwurfsvoll an. „Würdest du bitte weiterangeln?"

„Entschuldigung."

„Nach drei Tagen und drei Nächten schwamm der Wal an einen Strand und spuckte Jona aus."

„Wie denn?", fragte Hector ungläubig.

„Vielleicht war dem Wal plötzlich schlecht oder er hatte Bauchweh."

„Und Jona kam in einem Stück raus?" Elli staunte.

„Ja. Obwohl er bestimmt nicht sehr sauber war, fürchte ich."

„Er muss ziemlich nach Fisch gestunken haben."

„Wenn ich an seiner Stelle gewesen wäre, hätte ich mich erst einmal so richtig gewaschen", sagte Hector.

„Hättest du nicht", entgegnete Bruno. „Du hasst waschen."

„Ja, schon. Aber wenn mich ein Wal ausspuckt, dann hätte ich mich gewaschen, ganz bestimmt."

„Und was passierte, nachdem Jona an Land war und sich gewaschen hatte?", fragte Elli ungeduldig.

„Ging er nach Ninive?", wollte Hector wissen.

„Ja. Er entschuldigte sich bei Gott dafür, dass er ihm nicht gehorcht hatte, und machte sich auf nach Ninive."

„Woher wusste er denn überhaupt, wo er lang musste? Wenn ihn der Wal auf irgendeiner Insel im Meer ausgespuckt hatte, dann musste er doch erst einmal herausfinden, wo Ninive war. Und es klingt nicht gerade so, als hätte er jemanden getroffen, den er nach dem Weg fragen konnte."

„Vielleicht hatte er ja einen Kompass", überlegte Elli.

„Oder ein Navi", meinte Hector.

„Vielleicht hat aber auch Gott ihm den Weg gezeigt", meinte Bruno.

„Wie auch immer, er fand jedenfalls den richtigen Weg nach Ninive und als er dort ankam, sah er, dass Gott recht hatte. Die Leute waren böse und gemein und hatten Gott ganz vergessen.

Jona hatte keine einfache Aufgabe, aber am Ende hörten die Leute auf ihn und kamen ins Grübeln. Vom König bis zum Kleinkind tat es allen leid, wie gemein und böse sie geworden waren. Sie baten Gott um Vergebung und versprachen, dass sie in Zukunft besser auf ihn hören wollten. Da freute sich Gott, weil er die Stadt nicht zerstören musste."

„Und Jona freute sich bestimmt auch", meinte Bruno.

Elli stand auf. „Das wars, gute Arbeit! Jona ging

wieder nach Hause. Und wenn Bruno wenigstens irgendwas gefangen hätte, könnten wir jetzt auch alle zurück zum Wagen laufen und frischen Fisch essen." Ihr knurrte der Magen.

„Leider falsch", sagte Christopher.

„Was soll das heißen, leider falsch?"

„Jona war überhaupt nicht erfreut."

„Ich bin auch nicht erfreut, weil es in diesem blöden Fluss überhaupt keine Fische gibt." Elli setzte sich wieder hin. „Oder wenn doch, dann hat Bruno eben keine Ahnung vom Angeln."

„Machs doch besser!", brummte der Bär ärgerlich. „Dann wirst du ja sehen, wie schwer es ist, einen Fisch zu fangen."

„Außer man heißt Jona", warf Hector ein.

„Das kann man doch nicht vergleichen. Schließlich hat der Fisch ja ihn gefangen."

Bruno warf seine Angel wieder aus.

„Soll ich weitererzählen?", fragte Christopher.

„Ja bitte", bettelte Elli. „Es dauert sowieso noch ewig, bis wir was zu beißen kriegen."

„Also, Jona war richtig beleidigt, dass Gott Ninive nun doch nicht zerstören wollte. ‚Ich wusste, dass es so kommt', beschwerte er sich bei Gott. ‚Als du mich hierhergeschickt hast und ich den Leuten sagen sollte, dass sie sich ändern müssen, weil sie sonst alle in vierzig Tagen sterben würden, da wusste ich schon, dass du das nicht machst. Du vergibst den Leuten ja immer. Andauernd. Deswegen bin ich ja auch weggelaufen, weil ich wusste, dass du ihnen am Ende sowieso wieder vergibst. Ich habe diesen schlimmen Sturm durchgemacht, den grässlichen Fischbauch und wofür das alles? Weißt du, was dein Problem ist, Gott? Ständig glaubst du an das Gute im Menschen.'"

Hector schüttelte den Kopf. „So redet man aber nicht mit Gott."

„Wieso nicht?", fragte Bruno.

„Weil das unhöflich ist", sagte Hector. „Gott könnte das in den falschen Hals kriegen. Und dann schickt er einen Blitzschlag oder irgendwas, damit Jona seine Lektion lernt."

„Oder noch einen Fisch, der ihn aber dieses Mal ordentlich zerkaut", meinte Elli.

Christopher sah vorsichtshalber wieder in sein Buch. „Ich glaube, dass es Gott nicht störte, wie Jona mit ihm redete. Jona hatte schließlich einiges durchgemacht.

Jona war jedenfalls ziemlich wütend. ‚Diese Niniviter sind ganz schön schlimme Leute und ich finde, du hättest sie vernichten sollen', sagte er. ‚Tut mir leid, aber so sehe ich das. Ich habe die Nase voll. Endgültig. Ich wünschte, ich wäre tot.' Er verließ die Stadt, baute sich einen Unterstand und schmollte."

„Ich finde, Jona hatte recht", meinte Hector zögerlich. „Ich meine, wenn Gott sowieso nicht vorhatte, Ninive zu zerstören, warum hat er Jona dann so viele Schwierigkeiten zugemutet?"

„An den meisten Schwierigkeiten war Jona doch selbst schuld", warf Bruno ein. „Wenn er Gott gleich gehorcht hätte, wäre er schließlich niemals im Walbauch gelandet."

„Und vielleicht hätte Gott Ninive tatsächlich zerstört, wenn Jona nicht hingegangen wäre und die Leute überzeugt hätte", vermutete Elli.

„Gott ließ einen großen Busch über Jonas Unterstand wachsen, der ihm Schatten gab. Jona schlief den ganzen Tag und die ganze Nacht durch. Aber dann schickte Gott einen Wurm, der den Busch anknabberte. Und der Busch verdorrte."

„Wieso denn das nun wieder?", fragte Elli.

„Vielleicht, um Jona eine Lektion zu erteilen", sagte Christopher. „Jona wachte am nächsten Morgen auf und lag mitten in der prallen Sonne. Darüber war er natürlich sehr wütend."

„Das wärst du auch, wenn du gerade aufgewacht wärst. Ich bin morgens oft schlecht gelaunt, vor allem, wenn ich gerade etwas Schönes geträumt habe", sagte Bruno.

„Hunger hatte er bestimmt auch", fügte Elli mit einem missbilligenden Blick auf Bruno hinzu.

„‚Es wäre viel besser, wenn ich tot wäre‘, knurrte Jona. ‚Ich nütze niemandem mehr was. Dir nicht, Gott, und sonst auch niemandem. Und jetzt ist noch dieser Busch verdorrt. Das ist doch ein Jammer! Es war so ein schöner Busch und er hat mir kühlen Schatten gespendet. Jetzt muss ich in der prallen Sonne braten.‘"

Kaum hatte Christopher das erzählt, da schob sich eine Wolke vor die Sonne und die Tiere begannen zu frösteln.

„Wird langsam kühl", sagte Elli.

„Wird langsam spät", sagte Hector.

„Werd langsam hungrig", fügte Elli hinzu.

Bruno fiel plötzlich wieder ein, dass er eigentlich Fisch fürs Abendbrot fangen wollte, und er warf seine Angel noch einmal aus.

„Und wie ging es mit Jona weiter?", wollte Hector wissen.

„Gott redete mit ihm", antwortete Christopher.

„Na, jetzt wird Gott ihm wohl eine richtige Standpauke gehalten haben. Er war bestimmt wütend auf Jona", meinte Elli.

„Nein. Eher traurig, würde ich sagen. ‚Jona', sagte Gott. ‚Du bist wütend, weil der Busch verdorrt ist, der dir Schatten gegeben hat, dabei hast du überhaupt nichts dazu beigetragen, dass er wächst und gedeiht. Und mir soll es egal sein, eine ganze Stadt zu zerstören, mit Hunderttausenden von Leuten, die ich alle geschaffen habe und die mir am Herzen liegen?

Ich weiß, dass du sie als Feinde siehst und Angst vor ihnen hast. Aber es sind meine Kinder! Ich möchte, dass sie mich kennenlernen, so wie du mich kennst. Sie haben sich falsch verhalten und waren ziemlich dickköpfig, bis du sie auf ihre Fehler hingewiesen hast. Aber haben sie denn keine zweite Chance verdient?'"

Christopher klappte sein Buch zu. „Und das ist das Ende der Geschichte."

Die Tiere schwiegen und dachten nach.

„Ich finde die Geschichte gut", meinte Elli schließlich.

„Was ist aus Jona geworden?", wollte Hector wissen.

„Weiß ich nicht."

Bruno holte die Angel ein und stand auf. „Tut mir leid. Heute kein Fisch. Wie wäre es mit Eiern und Pommes?"

Nach dem Abendessen ging Christopher ans Flussufer und beobachtete die Eisvögel, die in der leuchtenden Abendsonne zwischen den Gräsern hin und her flogen.

Gar nicht so einfach, seine Feinde zu lieben und sich um Leute zu kümmern, die man nicht mag, dachte er. Der arme Jona! Aber Gott kann das. Er hat alle lieb.

Die Sonne sank allmählich hinter den Horizont und warf dunkle Schatten. Das Flussufer sah auf einmal seltsam und beängstigend aus. Christopher fröstelte.

„Lieber Gott, wenn ich mal Angst habe, brauche ich ein bisschen Mut von dir", sagte er laut.

Dann lief er schnell zurück zum alten Zirkuswagen, wo seine Freunde schon schliefen.

Wildes Durcheinander

„Ich weiß was – wir machen eine Party!", verkünde-
te Bruno eines Nachmittags.

„Wieso?" Elli jagte gerade eine Feldmaus um den
Wagen herum.

„Weil wir schon so viele Freunde hier gefunden
haben, bei denen wir zu Besuch waren. Da gehört
es sich, dass wir sie auch einladen. Vor allem, weil
wir bald weiterziehen wollen."

Sie waren viel länger auf der Wiese geblieben, als
sie ursprünglich vorgehabt hatten, weil es hier so
schön war. Und es stimmte, was Bruno vor ihrer
Reise gesagt hatte: „Wir haben Urlaub, also können
wir so lange bleiben, wie wir wollen."

Damit waren sie alle einverstanden gewesen.

„Wir ziehen bald weiter?" Hector graste am Wagen im frischen Grün. „Aber es gefällt mir hier doch
so gut."

„Mir auch, aber der Bauer, dem die Wiese gehört, hat gesagt, er muss hier pflügen und Getreide
anbauen. Da habe ich ihm versprochen, dass wir
bald aufbrechen."

„Na gut", sagte Elli. „Ich lade die Feldmäuse zu unserer Party ein."

„Und dann hilfst du mir mit dem Essen."

„Ich könnte die Einladungskarten schreiben", bot sich Christopher an.

Also bereiteten Bruno und Elli Berge von Essen vor, während Christopher, der die beste Handschrift hatte, Einladungskarten schrieb und sie von Hector austragen ließ.

Als es dunkel wurde, zündeten sie im Wagen und ringsherum Kerzen an und bald darauf trafen schon die ersten Freunde ein, nämlich die beiden Igel Piko und Lina. Kurz darauf kamen die Amsel Amanda und die Eule Esmeralda.

Bald wimmelte es im alten Zirkuswagen von Tieren. Freddie Fuchs hatte eine Mundharmonika mitgebracht, Bruno holte seine Gitarre und gemeinsam spielten sie die schönsten Lieder.

Es hörte bloß fast keiner zu, weil alle Gäste wild durcheinanderredeten, lachten und schmatzten.

Nach einer Weile wurde es so laut, dass der Bauer aus dem Haus kam, über die Wiese zum Wagen lief und an der Tür klopfte. Er musste ziemlich kräftig klopfen, weil drinnen ein solcher Krach herrschte. Sechs Feldmäuse, vier Hühner und die Gans Daphne waren mittlerweile auch noch zur Party gekommen.

Irgendwann bemerkte Bruno dann aber doch das Hämmern an der Tür.

„Könnt ihr nicht ein bisschen leiser sein?", rief der Bauer. „Meine Frau und ich können kein Auge zutun bei dem Lärm!"

„Entschuldigung", antwortete Bruno erschrocken. „Wir feiern unsere Abschiedsparty. Habt ihr nicht Lust, auch dazuzukommen?"

„Ganz bestimmt nicht", sagte der Bauer. „Ich muss früh raus, um die Kühe zu melken, und das ist gleich das nächste Problem. Ihr habt die Kühe

aufgeweckt und die machen jetzt auch noch einen furchtbaren Radau."

„Ich sage unseren Gästen, dass sie leiser sein sollen", versprach Bruno. Er drehte sich um und brüllte: „SEID DOCH MAL LEISER!"

„Ein schönes Stimmengewirr habt ihr hier. Das ist ja wie beim Turmbau zu Babel", knurrte der Bauer, als er die Treppe vom Wagen wieder hinunterstieg.

„Was ist denn der Turm zu Babel?", fragte Amanda.

„Am besten gehen wir jetzt nach Hause zurück in den Wald", sagte Piko zu Lina.

Freddie steckte seine Mundharmonika weg. „Ich muss auch los."

„Bitte, bleibt", bat Bruno. „Es ist doch noch früh."

„Können wir nicht irgendwas Leises machen?", schlug Elli vor.

„Was denn?"

„Soll ich euch vielleicht eine Geschichte aus der Bibel erzählen?", meldete sich Christopher zu Wort.

„Gibt es nicht vielleicht sogar eine über den Turm, von dem der Bauer gerade gesprochen hat?" Amanda sah Christopher fragend an. „Ich wüsste zu gern, was es damit auf sich hat."

Christopher blätterte in seinem Buch. „Ja, hier ist eine."

„Wie hat der Bauer den Turm genannt?"

„Babel. Das ist die Geschichte vom Turmbau zu Babel."

Bruno schenkte allen noch mal ein, während die Tiere es sich überall im alten Wagen gemütlich machten. Manche saßen, einige lagen, andere hatten sich bequem hingehockt.

„Vor langer, langer Zeit sprach man überall auf der Welt dieselbe Sprache. Die Menschen waren viele Jahre umhergewandert …", las Christopher vor.

„Wie wir", fiel ihm Hector ins Wort.

„… und suchten einen schönen Ort, wo sie wohnen konnten. Sie brauchten fruchtbares Land, um ihre Feldfrüchte anzubauen, frisches Wasser und gutes Wetter. Irgendwann fanden sie einen passenden Platz und beschlossen, dort heimisch zu werden.

‚Bauen wir doch einen Turm', schlug jemand vor. ‚Einen richtig hohen Turm, der bis zum Himmel reicht.'"

„Warum das denn?", fragte Amanda.

„Warum fragst du?"

„Na, warum wollten sie einen Turm bauen? Ich

baue jedes Jahr ein neues Nest für mich und meine Kleinen. Wofür soll so ein Turm denn gut sein? Kann man ihn für irgendwas gebrauchen?"

„Vielleicht wollten die Leute mal eine richtig gute Aussicht haben", vermutete Esmeralda. „Das Problem haben wir Vögel natürlich nicht."

„Ich glaube nicht, dass sie den Turm für irgendwas brauchten", sagte Christopher. „Sie wollten nur damit zeigen, dass sie clever genug dafür waren, so etwas Tolles zu bauen."

„Menschen machen eben dummes Zeug", stellte Elli fest. „Zum Beispiel einen komplett nutzlosen Turm bauen."

„Wen wollten sie denn damit beeindrucken?", heulte Esmeralda.

„Na, bestimmt Gott", sagte Christopher. „Kaum hatten sie nämlich mit dem Bau angefangen, wollten sie den Turm immer höher und höher machen, bis er in den Himmel reichte. Sie wollten Gott zeigen, dass sie genauso viel können wie er. Also stellten sie Ziegel her und bauten und bauten, bis die Turmspitze in den Wolken verschwand."

„Das war aber gar nicht ungefährlich für Vögel", gab Amanda zu bedenken. „Man hätte leicht dagegenfliegen können."

„Daran haben die Menschen wohl nicht gedacht", stellte Christopher fest.

Hector, der schweigend Hafer gemampft hatte, meldete sich nun auch zu Wort. „Sie haben also einen Turm bis in den Himmel gebaut?"

„Was ist überhaupt der Himmel?", fragte Piko.

„Na dort, wo Gott ist, oder?" Hector war sich nicht sicher.

„Sind nicht die Wolken am Himmel?"

„Und Gott ist auch da oben?"

„Bestimmt", mutmaßte Bruno und sah Christopher fragend an. „Oder was meinst du?"

Der Hase dachte einen Augenblick nach. „Ich glaube, Gott ist nicht an einem bestimmten Ort", sagte er schließlich. „Gott ist überall."

„Also auch hier? In unserem Zirkuswagen?", flüsterte Elli. „Hier auf unserer Party?"

„Wieso nicht?"

Elli blickte sich im vollen Wagen um. „Hier ist doch gar kein Platz mehr."

Alle Tiere schauten sich suchend um, als könnten sie Gott in irgendeiner Ecke entdecken.

„Ich bin schon mal sehr hoch geflogen", sagte Amanda, „aber Gott habe ich da oben noch nie gesehen."

Christopher las weiter. „‚Wenn wir den Himmel erreichen, dann sind wir genauso wichtig wie Gott‘, prahlte einer der Bauleute.

‚Noch wichtiger‘, krähte ein anderer.“

„Keiner ist größer oder wichtiger als Gott. Das geht doch gar nicht“, stellte Bruno fest. „Schließlich sind wir ja von ihm gemacht worden.“

„Ich glaube, daran haben sie nicht gedacht, als sie mit dem Bauen angefangen haben“, meinte Christopher.

„Aber wäre es nicht schön, es bis in den Himmel zu schaffen und Gott zu sehen?“, überlegte Amanda.

„Ganz bestimmt nicht“, widersprach Esmeralda entschieden. „Schon der bloße Versuch wäre dumm.“

„Wieso?“

„Weil Gott im Himmel ist. Wenn er will, dass wir ihn sehen, dann sehen wir ihn. Und wenn er es nicht will, dann nicht. Das ist doch logisch und leicht zu begreifen.“

„Aber …“

„Den Wind siehst du doch auch nicht, oder?“, meinte Esmeralda. „Du fühlst ihn unter deinen Flügeln, wenn du fliegst, aber du kannst nicht ir-

gendwo hinzeigen und sagen: ‚Da ist der Wind.'
Und genauso ist es mit Gott."

„Wie ging es denn nun weiter?", drängelte Hector.

„Also, die Leute haben gebaut und gebaut. Der Turm wurde immer höher. Der Ausblick von oben war einmalig."

„Aber nicht besser, als wenn ich fliege", schniefte Esmeralda.

„Bald konnte man die Turmspitze vom Boden aus gar nicht mehr sehen."

„Na, ich wette, das war Gott nicht egal", warf Elli ein.

„Das stimmt. Als er sah, was die Leute machten, wurde ihm klar, dass sie sich inzwischen viel wichtiger nahmen als ihn. Also beschloss er, ihnen eine Lektion zu erteilen."

Christopher nahm einen Schluck aus seinem Becher.

„Was denn?", piepste eine der Feldmäuse. „Was hat er gemacht?"

„Etwas sehr Cleveres. Er brachte ihre Sprachen durcheinander."

„Was bedeutet das?"

„Er sorgte dafür, dass sie auf einmal alle in unterschiedlichen Sprachen redeten. Keiner verstand mehr den anderen."

„Wirklich sehr clever", sagte Elli.

„Wenn also jemand von oben rief: ‚Achtung, sonst fällt dir der Stein auf den Kopf!', konnten die Leute weiter unten die Warnung nicht verstehen und dem herunterfliegenden Stein nicht ausweichen."

„Der knallte dann also irgendwem auf den Kopf."

„Genau. Ihr könnt euch vorstellen, was passierte. Alle fingen an, miteinander zu streiten, zu diskutieren und sich anzuschreien, weil niemand verstand, was der andere von ihm wollte."

„Da hat Gott mächtig was zu lachen gehabt", meinte Esmeralda.

„Wohl kaum. Aber die Lektion saß jedenfalls. Die Leute arbeiteten einfach nicht weiter und mit der Zeit fiel der Turm in sich zusammen. Und die Menschen zerstreuten sich in alle Winde."

„So kam es also, dass die Menschen verschiedene Sprachen sprechen", fasste Elli zusammen.

„Und dass sie in verschiedenen Ländern wohnen", fügte Bruno hinzu.

„Vermutlich", nickte Christopher. „Von dem Turm blieb jedenfalls nichts weiter übrig als ein riesiger Haufen Steine, die nach und nach wieder zu Sand zerfielen."

Die Tiere wurden still. Irgendwann begannen die ersten Kerzen zu flackern und zu verlöschen. Esmeralda heulte: „Ich muss los."

Aber niemand machte Anstalten zu gehen, weil es so schön warm und gemütlich im Zirkuswagen war.

„Und warum meinte der Bauer, dass bei uns ein

Stimmengewirr wie beim Turm von Babel herrschte?", fragte Elli schläfrig.

„Vielleicht, weil wir auch alle so laut durcheinander gebrummt, geheult, gebrabbelt und gepiepst haben", meinte Christopher. Er war müde und wartete sehnsüchtig darauf, dass die Gäste gingen, damit er sich endlich hinlegen konnte.

Schließlich kam Bewegung in die Tiere und alle standen oder flogen auf, bedankten sich bei Bruno, Elli, Christopher und Hector für die schöne Feier.

„Aber psst, seid leise!", mahnte Bruno. „Wir wollen den Bauern und seine Frau nicht wecken. Sie müssen morgen doch früh aus den Federn."

Als sie wieder allein waren, beschlossen die Freunde, erst am nächsten Morgen aufzuräumen und lieber gleich ins Bett zu gehen. Christopher aber lief noch einmal nach draußen und setzte sich auf die Stufen vor dem Wagen. Von dort schaute er zum Himmel auf, wo die Sterne funkelten.

„Wo auch immer du bist, lieber Gott, ob nun im Himmel, überall oder im Wagen: Danke, dass du auf uns aufpasst."

Dann stieg Christopher wieder die Treppe hinauf, schloss die Tür hinter sich und legte sich schlafen.

Seenot!

„Regen, Regen, immer nur Regen", maulte Elli, drückte die Nase am Fenster platt und sah zu, wie draußen das Wasser in Bindfäden vom Himmel kam. Sie seufzte. „Wann hört das bloß wieder auf?"

Auf einmal gab es ein markerschütterndes, knirschendes Geräusch und der alte Zirkuswagen, den der völlig durchnässte Hector langsam die Straße hinunterzog, blieb mit einem heftigen Ruck stehen. Elli, Bruno und Christopher purzelten im Wagen wild durcheinander; Tassen, Teller und Untertassen fielen von den Wänden und aus dem Regal.

„Was ist denn jetzt los?", brummte Bruno erschrocken. Er rappelte sich auf und öffnete die Tür. Wind und Regen peitschten hinein.

„Mach zu!", rief Elli. „Wir werden ja alle pitschnass!"

„Nicht so pitschnass wie ich", kam es von Hector, der seinen Kopf um die Ecke steckte. „Wir sind stehen geblieben."

„Was du nicht sagst", meinte Elli und rieb sich die Stelle am Kopf, wo eine Tasse sie getroffen hatte.

„Und warum sind wir stehen geblieben?" Bruno spähte nach draußen. Die Stufen des alten Wagens endeten in einer großen Pfütze. Nein, das war eindeutig mehr als eine Pfütze – es war ein kleiner See mitten auf der Straße. Die letzte Stufe steckte schon unter Wasser, genau wie die gelben Räder.

„Ich wusste nicht, dass es hier so tief wird", sagte Hector verzweifelt. „Ich dachte, da kommen wir durch."

„Falsch gedacht", bellte Elli ärgerlich. „Wie dumm von dir, das überhaupt zu versuchen!"

„Du hast gut reden, so hübsch trocken und gemütlich da drin! Aber ich laufe die ganze Zeit im strömenden Regen herum. Ich bin völlig durchnässt und mir ist kalt und außerdem habe ich die Nase voll!"

„Wieso läufst du überhaupt in diese Richtung?", gab Elli zurück. Ihr Kopf tat immer noch weh.

Hector zuckte die Schulter. „Einfach so eben."

„Hört auf, euch zu streiten", sagte Bruno. „Überlegen wir lieber, was wir jetzt machen."

„Hierbleiben natürlich, bis es aufgehört hat zu regnen und das Wasser abgeflossen ist", sagte Hector. „Viel anderes bleibt uns nicht übrig."

„Können wir den Wagen nicht gemeinsam rausschieben?", fragte Christopher. Er hatte in der Zwischenzeit die Tassen und Teller wieder an ihren Platz gestellt.

„Da gehen wir doch unter", knurrte Elli.

„Und wir machen vielleicht den Wagen kaputt." Bruno sah ziemlich besorgt aus. „Ich fürchte, Hector hat recht. Wir müssen hierbleiben. Da, nimm eine Decke und ein bisschen Hafer, Hector. Es ist nicht deine Schuld, dass wir feststecken."

Die Freunde setzten sich in den Wagen. Der Regen hämmerte aufs Dach und das Wasser stieg und stieg.

„Kann jemand von euch schwimmen?", fragte Elli nach einer Weile. „Ich nicht."

„Ich auch nicht", brummte Bruno.

Schweigend lauschten sie dem Regen.

„Von drinnen klingt es immer schlimmer, als es ist", versuchte Bruno die anderen aufzumuntern. „Draußen sieht es doch gar nicht so schlimm aus."

„Doch, tut es", erwiderte Hector und steckte den Kopf durchs Fenster hinein. „Sogar schlimmer als schlimm."

„Vielleicht schwimmt der Wagen ja, wie die Arche Noah", meinte Christopher.

„Was ist die Arche Noah?"

„So eine Art Holzboot, das Noah bauen sollte, bevor Gott eine Flut schickte", erklärte Christopher. „Das steht in der Bibel."

„Wieso erzählst du uns nicht die Geschichte dazu?", schlug Bruno vor. „Da kommen wir wenigstens auf andere Gedanken."

„Bei einer Flutgeschichte? Von wegen", konterte Elli. „Kannst du nicht eine fröhliche Geschichte über einen sonnigen Tag erzählen?"

„Hat sie denn wenigstens ein Happy End?", fragte Hector. „Ich mag es, wenn Geschichten gut ausgehen."

„Eigentlich schon", sagte Christopher. „Sie hat ein Happy End. Aber sie ist auch ein bisschen traurig."

„Wie soll das denn gehen?" Elli war nicht überzeugt.

„Sie fängt traurig an, geht aber gut aus."

„Besser als gut anfangen und traurig ausgehen", meinte Hector. „So wie wir heute Morgen noch im Sonnenschein losgezogen sind und jetzt hier im Wasser festhocken." Er schniefte. „Ich glaube, ich habe mich erkältet."

„Also, erzähl schon", drängte Bruno.

Christopher nahm die Bibel, die wie alles andere

auf der Erde gelandet war, und suchte die richtige Seite.

„Als Noah schon sehr alt war, redete Gott zu ihm. Er sagte, dass die Menschen so böse geworden waren, dass er eine Flut schicken und alles vernichten würde."

„Alles?", winselte Elli entsetzt.

„Alles."

„Hätte Gott sich nicht etwas weniger Schlimmes einfallen lassen können?"

„Hätte er bestimmt", erwiderte Christopher. „Aber hat er nicht."

Elli sah nach draußen, wo der Regen unvermindert vom Himmel prasselte. „Meint ihr, Gott macht gerade dasselbe noch mal?", raunte sie verängstigt. „Er schickt eine Flut, damit wir alle ertrinken?"

„Nein", widersprach Christopher entschieden.

„Woher willst du das wissen?"

„Weil ich die Geschichte bis zu Ende gelesen habe."

„Dann erzähl weiter", wieherte Hector. „Ich will wissen, wie sie ausgeht."

Christopher blätterte weiter in seinem Buch. „Gott sagte zu Noah, dass er ihn, seine Frau, seine drei Söhne mit ihren Frauen und von jeder Tierart mindestens zwei Exemplare retten wollte."

„Wieso wollte Gott Noah retten?"

„Weil Noah der einzige gute Mensch auf der Welt war. Alle anderen waren böse. Gott gab Noah den Auftrag, eine Arche zu bauen …"

„Ich wünschte, unser Wagen wäre eine Arche", sagte Bruno und seufzte.

„Dann wäre es hier ziemlich eng", stellte Elli fest und sah sich stirnrunzelnd um.

„Die Arche war wohl etwas größer", meinte Christopher. „Gott sagte Noah auch ganz genau, welche Maße sie haben sollte: Hundertdreiunddreißig Meter lang …"

„Hör auf", stöhnte Hector. „Zahlen machen mich im Kopf ganz wuschig."

„War Noah denn Zimmermann, dass Gott ihn für den Bau der Arche ausgesucht hat?", fragte Elli.

„Oder Seemann?", setzte Bruno hinzu.

„Nein, er war Bauer. Er hatte einen Weinberg und machte Wein."

„Na, das war ja sehr nützlich für den Bau einer Arche." Elli schüttelte den Kopf. „Wäre es nicht besser gewesen, wenn Gott einen Zimmermann oder Seemann ausgesucht hätte?"

„Ich glaube, Noahs Beruf war nicht so wichtig", überlegte Bruno. „Wichtiger war, dass er ein guter Mensch war."

„Gott sagte, es würde vierzig Tage und vierzig Nächte regnen ...", fuhr Christopher fort.

„Wie bei uns", schmollte Elli. „Das kann ja heiter werden!"

„... bis die ganze Welt überflutet war. Noah und alle Tiere sollten aber gerettet werden."

Kurz herrschte Stille.

„Und die Fische?", wollte Elli auf einmal wissen.

„Was ist mit den Fischen? Die hat Gott gar nicht erwähnt, oder?"

Christopher dachte nach. „Brauchte er auch nicht."

„Wieso?"

„Fische können doch schwimmen, die müssen nicht vor einer Flut gerettet werden."

„Stellt euch mal all die Tiere vor, eingepfercht in der Arche … dieser Gestank!" Bruno rümpfte die Nase.

„Stellt euch mal die zwei Löwen vor …", sagte Elli.

„… zusammen mit zwei Lämmern", brachte Bruno den Satz zu Ende.

„Warum haben die sich nicht gegenseitig gefressen?" Hector mampfte schon wieder Hafer.

Christopher schlug nach. „Gott hat Noah aufgetragen, für alle genügend Futter mitzunehmen", sagte er.

„Sehr vernünftig", brummte Bruno zustimmend.

„Spinnen!", quiekte Elli. Sie hatte ein Exemplar entdeckt, das sich vom Regal abseilte. Elli versuchte sie mit der Pfote zu erwischen, schlug aber daneben.

„Was ist denn an Spinnen so schlimm?"

„Ich hab Angst davor!"

„Wieso das denn?"

„Sie sehen so scheußlich aus."

„Für eine Spinne siehst du bestimmt auch scheußlich aus", meinte Christopher.

„Und wie ging es nun weiter?", fragte Bruno schnell.

„Und Schlangen genauso", unterbrach Elli ihn. „Schlangen mochte ich noch nie! Und jetzt erst recht nicht, wo ich das von der Schlange im Paradies gehört habe."

Christopher dachte nach. „Ich glaube nicht, dass Gott so denkt", sagte er schließlich. „Gott sagt bestimmt nicht: ,Mir gefällt deine Nase nicht, du kommst nicht mit auf die Arche. Du kannst schön ertrinken.'"

„Und wieso hat er es dann bei den bösen Leuten gemacht?", fragte Hector.

„Woher soll ich das wissen? Ich bin nicht Gott", erwiderte Christopher ungeduldig. „Jedenfalls baute Noah die Arche, brachte alle Tiere an Bord, die Tür ging zu und es fing an zu regnen."

„Wie bei uns."

„Noch viel schlimmer. Es regnete und regnete und regnete. Die Arche fing an zu schwimmen und bald war überhaupt kein Land mehr zu sehen. Die Arche blieb zu, bis der Regen aufhörte."

„Spechte!", bellte Elli aus heiterem Himmel.

„Was ist damit?"

„Sie picken Löcher ins Holz, oder nicht? War die Arche dann nicht leck?"

„Das steht hier nicht. Aber selbst wenn, sie ging jedenfalls nicht unter. Als der Regen endlich aufhörte …"

„Nach vierzig Tagen …", seufzte Elli.

„… und vierzig Nächten", führte Hector fort. „Wie du siehst, habe ich auch gut zugehört."

„… konnte Noah nicht einfach die Tür von der Arche öffnen, weil dann ja alle Tiere ins Wasser gefallen und ertrunken wären. Er musste warten, bis das Wasser abgelaufen war. Und das dauerte genau hundertfünfzig Tage."

„Also, da wurde es allen bestimmt ziemlich langweilig", stellte Bruno fest. „Hoffentlich hatten sie ein paar Spiele mitgenommen. Wir haben ja einen ganzen Schrank voll dabei", betonte er stolz.

Elli zog die Nase kraus. „Und es muss gestunken haben …"

„Gott schickte Wind, der das Wasser ablaufen ließ, und irgendwann setzte die Arche auf dem

Gipfel des Bergs Ararat auf. Da hatte Noah eine gute Idee: Er ließ einen Raben fliegen."

„Das war schlau", brummte Bruno. „Er wollte bestimmt, dass der Rabe herumfliegt und guckt, ob schon genug Land zu sehen war, damit alle aussteigen konnten."

„Der Rabe flog fort und kam nicht wieder", erzählte Christopher. „Noah schickte eine Taube hinterher. Die Taube kehrte zurück und schüttelte den Kopf. Es war noch zu viel Wasser da. Ein paar Tage später probierte Noah es noch einmal. Dieses Mal kam die Taube mit einem frischen Ölzweig im Schnabel zurück."

„War das ein gutes Zeichen?" Hector fühlte sich gar nicht gut. Er nieste.

„Ja. Das bedeutete, das Wasser war schon so weit gesunken, dass die Baumkronen herausragten. Ein paar Tage später konnte Noah dann endlich die Tür öffnen. Glücklich stiegen alle Passagiere aus."

„Die waren bestimmt total erleichtert!", rief Elli.

„Das glaube ich auch", meinte Bruno.

„Ist die Geschichte zu Ende?" Hector sah zu Christopher hinüber.

„Noch nicht. Gott versprach Noah, dass er nie wieder eine Flut schicken will, von der die ganze

77

Welt zerstört wird. Und Gott setzte als Zeichen für dieses Versprechen einen Regenbogen an den Himmel. Jedes Mal, wenn ein Regenbogen am Himmel erscheint, sollen wir uns daran erinnern. Und Gott erinnert sich auch."

„Leute, hört doch mal!", bellte Elli. Alle Tiere lauschten.

„Es hat aufgehört zu regnen!", rief Christopher.

Bruno ging zur Tür und öffnete sie einen Spalt. „Nicht ganz. Aber das Wasser fließt schon ab. Wir können bald weiterfahren."

Christopher kam auch zur Tür. Die Sonne war hinter einer Wolke hervorgekommen und strahlte auf die feuchte Luft. Als der Hase den Blick weiter hob, hielt er plötzlich den Atem an. Über den Himmel spannte sich ein wunderschöner Bogen aus bunten Streifen, die rot, orange, gelb, grün, blau, violett leuchteten.

„Danke, lieber Gott", sagte Christopher, „dass du dein Versprechen gehalten hast."

Dann hüpfte er zurück in den Wagen. „Kommt, Freunde, das müsst ihr sehen! Es ist so wunderschön draußen!"

Klein, aber oho!

Das kleine Schweinchen erhob sich. „Hallöchen", quiekte es.

„Was machst du denn hier?", fragte Bruno.

„Die Tür war offen, da bin ich reingegangen."

„Normalerweise klopft man erst an", schalt Christopher.

„Hab ich ja. Aber es hat niemand geantwortet."

„Wir waren ja auch unterwegs", erklärte Elli.

Bruno sah sich um. Im Wagen herrschte Chaos. Überall lagen Krümel herum, Ellis Lieblingskissen war völlig zerknautscht und auf dem Tisch waren lauter klebrige Pfotenabdrücke.

„Wer bist du überhaupt?", fragte Bruno das Schweinchen.

„Ich? Ich bin Stummel."

„Stummel?"

„Genau. Als ich geboren wurde, sagte der Bauer: ‚Da ist ja das süßeste kleine Stummelchen vom ganzen Wurf.' Und so hatte ich meinen Namen natürlich weg."

„Aber ‚Stummel‘ heißt ja so viel wie Kleiner oder Winzling", warf Christopher ein.

„Das bin ich. Klein, aber oho." Stummel strahlte die Freunde an. „Ich war bei der Geburt der Letzte und Beste von allen meinen Geschwistern. Sagt jedenfalls unsere Mama. Meine Brüder und Schwestern sind dagegen zu nichts zu gebrauchen."

„Das hat deine Mama gesagt? Dass deine Brüder und Schwestern zu nichts zu gebrauchen sind?" Elli traute ihren Ohren kaum.

Stummel grinste selbstgefällig. „Nein. Das sage ich! Das Einzige, wozu sie taugen, ist der Fleischwolf."

„Was soll das denn heißen?", fragte Hector vom Fenster aus.

„Na, um Würstchen draus zu machen", sagte Stummel. „Aber aus mir macht man keine Würstchen. Dafür bin ich viel zu clever."

Die Tiere sahen einander an.

„Du hast unseren ganzen Kuchen verputzt!" Elli war wütend. „Den wollten wir nachher zum Tee essen."

„Tut mir leid", sagte Stummel leicht dahin und sah nicht im Geringsten aus, als täte es ihm leid.

„Nicht so schlimm", lenkte Bruno ein. „Du hat-

test bestimmt Hunger. Und wo du nun schon mal da bist: Willst du vielleicht zum Teetrinken bleiben?"

„Tee mit nichts", knurrte Elli. „Kuchen haben wir ja keinen mehr."

„Und Christopher wollte uns eine Geschichte vorlesen."

Der Hase griff wieder zu seinem Buch. „Eigentlich wollte ich euch eine Geschichte über eine Reise vorlesen, aber ich glaube, ich erzähle euch lieber von Josef."

„Wieso?"

„Werdet ihr gleich sehen."

Alle bekamen eine Tasse Tee und ein paar Kekse, die Bruno noch gefunden hatte. „Sie sind zwar schon ein bisschen pappig, aber das ist alles, was wir haben", brummte Bruno und sah Stummel dabei an.

Christopher schlug das Buch auf. „Diese Geschichte handelt von einem Mann namens Josef. Josef hatte in seinem Leben viele Schwierigkeiten, aber mit Gottes Hilfe hat er sie alle gemeistert. Und am Ende wurde er sogar eine sehr bedeutende Persönlichkeit."

„Wie ich", meinte Stummel.

„Josefs erstes Problem war, dass er zu den Jüngsten in der Familie gehörte. Er hatte nicht nur einen älteren Bruder oder zwei oder drei …"

„Vier?", fragte Elli.

Der Hase Christopher schüttelte den Kopf.

„Fünf?", kam es von Hector. Wieder verneinte Christopher.

„Sechs?", fragte Bruno.

„Ich habe sechs Geschwister", stellte Stummel gewichtig fest.

„Er hatte elf Brüder, von denen nur einer jünger war als er", sagte Christopher. „Es war eine große Familie. Stellt euch das mal vor. Zehn ältere Brüder, die ihn alle herumkommandierten wie ein kleines Kind."

„Mich kommandiert niemand herum", sagte Stummel.

„Das kann ich mir vorstellen", meinte Bruno.

„Das trauen sich deine Geschwister nicht", sagte Elli.

Bevor Stummel antworten konnte, erzählte Christopher schnell weiter. „Josefs zweites Problem war, dass seine Mutter Rahel sich so lange schon ein Baby gewünscht hatte, dass er für sie etwas ganz Besonderes war. Sie hat ihn vielleicht ein bisschen zu sehr verwöhnt."

„Wieso wollte sie denn noch ein Baby? Sie hatte doch die zehn anderen vor Josef." Hector war verwirrt.

„Das waren nicht ihre Kinder, sondern die von anderen Frauen", erklärte Christopher. „Josefs drittes Problem war, dass nicht nur seine Mutter ihn verwöhnte, sondern auch sein Vater."

„Mich verwöhnt niemand", stellte Stummel fest.

„Jakob war Josefs Papa und ein sehr reicher Mann. Er hatte Rinder, Schafe, Ziegen und Kamele, also große Viehherden. Die Familie wohnte auf dem Land und Jakobs Söhne hüteten die Rinder, kümmerten sich um die Schafe und arbeiteten den ganzen Tag."

„Ich wette, Josef nicht", überlegte Elli.

„Wieso?", wollte Hector wissen.

„Weil er verwöhnt wurde."

„Ich werde zum Glück nicht verwöhnt", wiederholte Stummel. „Zwar brauche ich genau wie Josef nicht zu arbeiten. Aber meine Geschwister tun auch nicht viel mehr. Sie laufen nur den ganzen Tag im Schweinestall herum und suchen nach Futter. Aber ich mache das nicht. Meine Mama schiebt mir immer genug Essen zu."

Bruno und Elli sahen sich vielsagend an.

„Josef war der Liebling seines Vaters. Er bekam jeden Wunsch erfüllt. Und sein Vater schenkte ihm einen schönen, bunten Mantel aus vielen verschiedenen Wollsorten. Der Mantel hatte lange, weite Ärmel und war sehr kostbar. Josefs Brüdern gefiel das überhaupt nicht. Sie alle trugen nur ganz normale, raue Schafhirtmäntel ohne Ärmel.

Josefs nächstes Problem war, dass seine Brüder eifersüchtig auf ihn waren. Teilweise, weil seine Mutter und sein Vater ihn immer vorzogen, teilweise aber auch, weil er anders war als sie."

„Vielleicht war er ja eher ruhig", meinte Hector.

„Woher willst du das wissen?", fragte Elli.

„Weil ich selbst eher ruhig bin."

„Außer, wenn du den Wagen ziehst", murmelte Bruno.

„Vielleicht war er ja auch gut aussehend." Hector warf seine Mähne.

„Ich sehe gut aus", warf Stummel ein.

„Oder er war schlau", sagte Elli.

„Bin ich auch!", rief Stummel.

„Er hatte Träume", erklärte Christopher.

„Ich habe auch Träume", erklärte Stummel wichtigtuerisch.

„Wir alle haben Träume, aber Josefs Träume waren ungewöhnlich. Leider erzählte er seinen Brüdern davon. Und das war wirklich keine gute Idee."

„Wieso nicht?" Bruno konnte sich das nicht erklären.

„In einem der Träume banden er und seine Brüder Getreidehalme zu dicken Bündeln zusammen. Josefs Bündel stand aufrecht in der Mitte, aber die von seinen Brüdern neigten sich alle zu ihm hin. Das gefiel den Brüdern gar nicht."

„Warum das denn?" Elli verstand gar nichts mehr.

„Ist doch klar!", rief Stummel. „Seine Brüder dachten, dass Josef ihnen mit dem Traum sagen wollte, dass sie sich vor ihm verbeugen müssten."

Niemand sagte etwas.

Christopher fuhr fort. „Josef hatte noch einen Traum. Die Sonne, der Mond und elf Sterne, sie alle verbeugten sich vor ihm. Das erzählte er auch seinen Brüdern."

„Das hat ihnen bestimmt nicht geschmeckt", meinte Bruno.

„Hat es auch nicht. Sogar Jakob wurde ärgerlich. ‚Was soll das für ein Traum sein?', schimpfte er. ‚Willst du mir sagen, dass deine ganze Familie sich vor dir verbeugen soll, auch deine Mutter und ich?'"

„Solche Träume hätte ich gern", stellte Stummel fest.

„Lieber nicht", antwortete Christopher. „Die Brüder hassten Josef deswegen."

„Und wegen des Mantels", warf Elli ein.

„Ja, wegen des Mantels und weil Josef eben so anders war."

„Dann ist es also wirklich schlecht, wenn man anders ist", meinte Hector traurig. „Ich war anders und wurde deswegen geschlagen."

„Wieso das denn?", wollte Elli wissen.

„Sie haben gesagt, ich sei langsam."

„Langsam! Die haben wohl nicht gesehen, wie schnell du den Wagen ziehen kannst."

„Erzähl weiter." Bruno war ungeduldig.

„Die Brüder konnten Josef auch nicht leiden, weil seine Eltern ihn immer vorzogen", ergänzte Christopher.

„Das ist nicht fair, wenn Eltern eins ihrer Kinder lieber haben als die anderen", sagte Hector. Alle sahen ihn erwartungsvoll an, aber er schwieg.

„Meine Mutter hat mich am liebsten", quiekte Stummel stolz. „Das gefällt meinen Geschwistern bestimmt nicht so gut, aber ist mir doch egal."

Keiner sagte etwas.

„Eines Tages rief Jakob Josef zu sich und bat ihn, nach seinen Brüdern zu sehen, die fernab in den Bergen Schafe hüteten. Sie waren schon sehr lange fort und allmählich machte Jakob sich Sorgen. Also ging Josef los. Nach einigen Tagen entdeckte er seine Brüder schließlich in der Ferne. Und sie sahen ihn auch. Er hatte ja seinen bunten Mantel an.

,Guck mal einer an, wer da kommt', sagte sein Bruder Juda.

,Der Träumer!', rief Dan und alle lachten, aber es war kein freundliches Lachen. Sie beobachteten, wie Josef näher kam. Der Tag war heiß und anstrengend gewesen. Die Brüder waren müde und der Anblick von Josef brachte das Fass zum Überlaufen.

‚Hey Leute', sagte einer der Brüder plötzlich. ‚Das ist unsere Chance. Er ist ganz allein. Schaffen wir ihn uns endgültig vom Hals!'

‚Gute Idee', sagte ein anderer. ‚Wir machen ihn kalt und werfen ihn in ein Loch.'

‚Wir können ja sagen, dass er von einem wilden Tier angefallen wurde', überlegte Dan aufgeregt. ‚Dann werden wir ja sehen, was aus seinen Träumen wird!' Das fanden die meisten von ihnen gut.

Also versteckten sich die Brüder und als Josef kam, sprangen sie auf, rissen ihm den Mantel vom Leib und verprügelten ihn."

„Haben sie ihn wirklich umgebracht?" Elli riss ihre Augen entsetzt auf.

Stummel war plötzlich ganz blass. „Vielleicht sollte ich lieber gehen", sagte er. „Mama und Papa werden mich vermissen."

„Ich bin fast fertig", sagte Christopher. „Bleib ruhig noch ein bisschen bei uns."

„Trink doch noch eine Tasse Tee", schlug Bruno vor.

„Und nimm noch einen pappigen Keks", ergänzte Elli großzügig.

„Josefs ältester Bruder hieß Ruben. Ihm gefiel die Idee, Josef umzubringen, überhaupt nicht.

‚Kommt, Leute, wir werfen ihn nur ein, zwei Tage in das Loch, um ihm eine Lektion zu erteilen', schlug er vor. Insgeheim hatte er nämlich überlegt, Josef wieder aus dem Loch zu befreien, wenn seine anderen Brüder es nicht bemerkten.“

„Das war aber lieb von ihm“, sagte Hector.

„Einerseits schon“, antwortete Bruno. „Aber wenn er der Älteste war, hätte er sie doch davon abhalten können, Josef überhaupt zu verprügeln, oder?“

„Nicht, wenn er allein gegen alle war“, gab Elli zu bedenken.

Stummel kaute auf seinem alten Keks und sagte kein Wort.

„Die Brüder verprügelten Josef und warfen ihn in das Loch. Es hatte hohe Wände. Josef konnte ohne fremde Hilfe niemals herauskommen. Ruben ging ein Schaf suchen, das sich offensichtlich verirrt hatte, und seine Brüder ließen sich nieder und aßen.“

„Bestimmt haben sie Josef nichts abgegeben!“ Elli fand das ziemlich gemein.

„Ganz bestimmt nicht“, pflichtete Bruno ihr bei.

„Während sie aßen, sahen die Brüder eine Kamelkarawane vorbeiziehen, mit der Händler auf dem Weg nach Ägypten waren. Plötzlich hatte Juda eine Idee. ,Lasst uns doch Josef an die Händler verkaufen', sagte er. ,Dann sind wir ihn los, ohne dass sein Blut an unseren Händen klebt.'

,Und Geld bekommen wir obendrein', freute sich ein anderer.

,Guter Plan', sagte der Dritte. Die anderen stimmten zu, also riefen sie die Händler herbei. ,Wollt ihr diesen gut aussehenden, kräftigen jungen Mann kaufen?'

,Er bringt euch in Ägypten sicher ein gutes Sümmchen ein!'

,Ihr bekommt ihn für ...' Der Bruder sah in die Runde.

,Für dreißig Silberstücke', sagte Juda und die Händler willigten ein.

Sie zerrten Josef aus dem Loch. Er war benommen, verletzt, dreckig und völlig verängstigt.

,Zwanzig', sagte einer der Händler. ,Mehr ist er nicht wert.'

Die Brüder waren einverstanden, nahmen das Geld und Josef wurde gefesselt weggeführt."

Im Zirkuswagen war es so totenstill.

„Das ist ja furchtbar!", hechelte Elli schließlich.

„Seinem eigenen Bruder so etwas anzutun!" Bruno schüttelte den Kopf.

Stummel rutschte nervös auf seinem Platz hin und her. „Meine Geschwister würden mir das bestimmt auch antun", sagte er. „Aber sie sind nicht clever genug."

Niemand erwiderte etwas.

„Ist das nun das Ende der Geschichte?", fragte Hector.

„Nicht ganz", antwortete Christopher. „Es gibt ja noch Ruben, Josefs ältesten Bruder. Als er zurückkam und Josef nicht mehr im Loch vorfand, war er verzweifelt und wütend.

‚Was habt ihr mit ihm gemacht?', wollte er wissen.

‚Keine Panik', sagte Juda. ‚Wir haben ihn nicht umgebracht. Er lebt. Wir haben ihn an Händler verkauft, die nach Ägypten ziehen. Hier, dein Anteil am Kaufpreis.'

Ruben wurde noch wütender. ‚Seid ihr verrückt?', rief er. ‚Habt ihr eine Sekunde darüber nachgedacht, was wir unserem Vater sagen sollen? Ich weiß, wir konnten Josef alle nicht leiden, aber so geht es trotzdem nicht! Vater hat Josef am liebsten. Ihr habt einen Riesenfehler gemacht. Vater wird vor Kummer vergehen und uns alle umbringen, wenn er das herausfindet.'

Die Brüder sahen einander an. Daran hatten sie

tatsächlich nicht gedacht. Plötzlich hatte einer von ihnen eine Idee. Er nahm Josefs Mantel, zerriss ihn und tauchte ihn in Ziegenblut. Und dann brachten sie den Mantel zu ihrem Vater Jakob.

‚Wo ist Josef?‘, fragte Jakob, kaum hatte er die Brüder entdeckt. ‚Ich hatte ihn geschickt, um euch zu suchen.‘

Die Brüder sahen einander an. ‚Wir haben ihn nicht gesehen‘, logen sie. ‚Aber das hier haben wir auf dem Weg nach Hause gefunden.‘ Sie hielten seinem Vater den zerrissenen und blutigen Mantel hin.

Jakob nahm ihn und legte ihn sich auf den Schoß. Dann weinte er bitterlich und trauerte um seinen Lieblingssohn. Niemand konnte ihn trösten.

In der Zwischenzeit wurde Josef Hunderte von Kilometern entfernt auf einem ägyptischen Sklavenmarkt verkauft.“

Christopher klappte sein Buch zu und stand auf.

„Und was passierte dann?“ Elli war nicht zufrieden.

„Das ist eine andere Geschichte“, antwortete Christopher.

„Wurde denn am Ende alles gut?“

„Ja“, meinte Christopher. „Am Ende schon.“ Er sah zu Stummel hinüber, der wie ein Häufchen

Elend auf der Erde saß. „Solltest du nicht langsam nach Hause gehen?"

„Ja, vermutlich", sagte Stummel und stand auf. „Das zeigt doch, wie schlimm ältere Geschwister sein können, stimmts?"

„Man könnte aber auch sagen, dass Josef es nicht anders verdient hat", erwiderte Elli.

„Aber doch nicht in ein tiefes Loch geworfen zu werden!" Stummel war entsetzt. „Und dann noch verkauft zu werden!"

„Nein, das natürlich nicht", gab Christopher zu. „Aber es ist auch nicht so gut, zu prahlen und sich für etwas Besseres zu halten, oder?"

Stummel sagte nichts. Er verließ den Wagen, ohne sich bei Bruno für den Tee zu bedanken oder sich dafür zu entschuldigen, dass er den ganzen Kuchen gegessen hatte.

„Und alle Kekse!", rief Elli.

„Ja, aber die waren doch schon alt und pappig", meinte Bruno. „Wir kaufen morgen früh neue."

„Ich hoffe, Stummel lernt etwas aus der Geschichte", meinte Christopher leise, als er ins Bett kletterte. „Eigentlich können wir alle etwas daraus lernen, lieber Gott."

Er legte sich hin und schlief sofort ein.

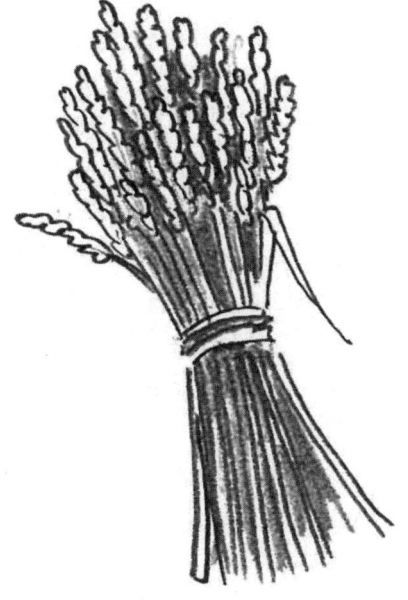

Mitten durchs Meer

Klipp, klapp; klipp, klapp. Hector zog missmutig den alten Zirkuswagen die Straße hinunter.

„Ich weiß überhaupt nicht, wo es hingeht", sagte er zu sich selbst. „Bruno hat zwar gesagt, wir werden es nicht bereuen, aber ich bin müde und will endlich Pause machen."

Er sah sich um. „Und schönes Gras zum Essen gibt es auch nicht. Nur Steine und Gestrüpp." Er verscheuchte ein paar Mücken mit dem Schweif. „Bruno, Elli und Christopher haben es gut." Die drei Freunde saßen auf den Stufen zum Wagen und genossen die Sonne. „Und ich muss hier die ganze Arbeit machen."

Hector bog um eine Ecke und blieb so plötzlich stehen, dass Bruno, Elli und Christopher fast vom Wagen herunterpurzelten.

„Oh!", rief er.

Er hatte das Ende der Straße erreicht. Vor ihm erstreckte sich ein wunderschöner breiter Strand mit goldgelbem Sand. Dahinter glitzerte das blaue Meer in der Sonne.

„Naaa?", brummte Bruno und stellte sich neben Hector. „Habe ich zu viel versprochen?"

„Ist das schön hier!" Elli stürzte mit wedelndem Schwanz ans Wasser und bellte begeistert, während Bruno und Christopher Hector aus dem Wagengeschirr halfen. Elli rannte zu ihnen zurück.

„Ist das das Meer?", wollte Christopher wissen.

„Ja", rief Elli. „Ist es nicht toll?"

„Wo hört es denn auf?"

„Es geht um die ganze Welt. Aber zwischendurch kommt auch ganz viel Land."

„So was habe ich noch nie gesehen!", staunte Christopher.

Bruno kletterte in den Wagen zurück. „Ich mache schon mal Tee."

„Hallihallöchen", rief plötzlich eine vertraute Stimme.

Christopher, Hector und Elli spähten in den Wagen. Dort stand, selbstgefällig strahlend wie immer, Stummel.

„Was machst du denn hier?"

„Ich bin als blinder Passagier mit euch gefahren."

„Wo denn?"

„Im Schrank."

„Und wieso?"

„Wieso nicht?"

„Wirst du nicht zu Hause vermisst?"

Stummel zuckte die Achseln. „Kann sein."

„Also, hier kannst du nicht bleiben", sagte Elli bestimmt. „Wir haben dich nicht eingeladen und wir wollen dich nicht. Du kannst schön wieder nach Hause gehen."

„Aber ich weiß nicht, wo lang", erwiderte Stummel.

„Das hättest du dir vorher überlegen müssen", stellte Hector klar.

„Hör zu", sagte Bruno. „Wir trinken jetzt erst einmal Tee. Du darfst bei uns bleiben, bis wir wieder nach Hause fahren, und dann setzen wir dich auf dem Bauernhof ab."

Elli rannte wieder zum Wasser hinunter. Christopher hoppelte hinterher.

„Jetzt ist alles im Eimer", knurrte Elli wütend.

„Stimmt doch gar nicht."

„Doch. Er ist anstrengend und eingebildet und keiner von uns kann ihn leiden."

„Tja, aber er ist nun mal da, also sollten wir das Beste draus machen. Er stört doch gar nicht. Außerdem ist es so schön hier. Das kann er uns jedenfalls nicht verderben, oder?"

„Doch, sehr wohl."

„Weißt du was? Ich erzähle euch nach dem Abendessen eine schöne Geschichte."

Nach dem Essen machten es sich alle am Strand gemütlich. Es war noch herrlich warm. Christopher klappte die Bibel auf.

„Diese Geschichte heißt ‚Mitten durchs Schilfmeer'", fing er an. „Die Israeliten waren zwar Gottes Volk, aber sie wurden in Ägypten als Sklaven gehalten."

„Was bedeutet das, Gottes Volk?", fragte Elli.

„Gott hatte ihnen versprochen, dass er immer auf sie aufpasst und sich um sie kümmert."

„So wie um uns?"

„Genau. So wie um uns."

„Wieso heißen die Leute eigentlich Israeliten?", wollte Hector wissen.

„Weil sie eigentlich aus dem Land Israel kamen. Aber sie mussten ihre Heimat verlassen und wurden zu Sklaven gemacht."

„Und was ist ein Sklave?"

Christopher musste nachdenken. „Das ist jemand, der einem anderen gehört und für ihn arbeiten muss." Er sah in die Runde. „Angenommen, Bruno hätte dich als Sklave gekauft, Hector. Dann dürftest du nicht einfach weggehen, wenn dir nicht gefällt, was er von dir verlangt."

„Aber ich habe dich ja nicht gekauft, um dich zu besitzen", beruhigte Bruno seinen Freund Hector. „Ich habe dem Bauern Geld für dich gegeben, damit du frei bist. Du musst den Wagen nicht ziehen, wenn du nicht willst."

Hector überlegte. „Manchmal habe ich keine Lust, das zu tun, was du von mir willst", sagte er. „Vor allem, wenn ich den alten Wagen bei Regenwetter ziehen soll."

„Ja, aber niemand zwingt dich dazu. Du könntest einfach sagen: ‚Tut mir leid, ich ziehe den Wagen erst weiter, wenn es aufhört zu regnen.' Oder du könntest einfach gehen."

„Das würde ich aber nicht tun", sagte Hector. „Du warst immer gut zu mir. Du hast mich vor einem bösen Mann gerettet, der mich von einem anderen Bauern gekauft und dann geschlagen hat."

„Na also", fasste Christopher zusammen. „Dann weißt du doch, wie es ist, Sklave zu sein."

Hector nickte und knabberte weiter am spärlichen Dünengras.

„Die Sklaven führten ein erbärmliches Leben und flehten Gott an, sie zu befreien und ihnen endlich ein eigenes Land zu geben. Gott erhörte sie und suchte sich einen Mann namens Mose aus, der ihr Anführer werden sollte. Er schickte Mose zum König von Ägypten. Dort sollte er verlangen, die Sklaven freizulassen.

Mose hatte aber überhaupt keine Lust darauf. Er versuchte, Gott zu erklären, dass er den Auftrag nicht ausführen konnte. Er sei nicht gut im Reden und die Leute würden ihm bestimmt kein bisschen zuhören. Gott solle doch lieber jemand anderen aussuchen."

„Wieso hat er das gemacht?", fragte Elli.

„Vielleicht hatte er ja Angst", überlegte Bruno.

„Ich hätte keine Angst." Stummel schien sehr überzeugt von sich zu sein.

„Doch, bestimmt, wenn Gott dich anstelle von Mose ausgewählt hätte."

„Kein bisschen", widersprach Stummel. „Ich habe vor überhaupt nichts Angst."

„Aber du warst damals in Ägypten nicht dabei. Vielleicht hätte Gott sich sonst anders entschieden", versuchte Christopher zu schlichten. „Jedenfalls machte Gott Mose den Vorschlag, er könne doch seinen Bruder Aaron mitnehmen. Aaron konnte nämlich gut reden."

„Wieso hat Gott dann nicht einfach Aaron zum

Anführer gemacht?" Elli schaute Christopher fragend an.

Hector hob den Kopf. „Ist das nicht wie bei Jona? Er wollte auch nicht tun, worum Gott ihn gebeten hatte."

„Musste Mose auch in den großen Fischbauch?", wollte Elli wissen.

„Nein. Mose ist nicht weggelaufen wie Jona. Er war einverstanden mit Gottes Auftrag. Er ging zum König von Ägypten und sagte: ‚Der Gott Israels möchte, dass du sein Volk freilässt.'"

„Na, das hat bestimmt sofort funktioniert", meinte Bruno.

„Leider nicht", erklärte Christopher. „‚Was soll das für ein Gott sein?', fragte der König. ‚Ich kenne ihn nicht. Da wäre ich ja schön dumm, wenn ich mache, was er will!' Er war wütend über Moses Auftritt und ließ diese Wut an den Israeliten aus. Sie mussten mehr arbeiten und ihr Leben war jetzt schlimmer als vorher."

„Mose hat das auch ganz falsch gemacht", sagte Stummel. „Man redet mit Königen doch nicht so, als wären sie jemand wie du und ich."

„Und du hast mit Königen wahrscheinlich schon jede Menge Erfahrung", spottete Elli.

Stummel zuckte die Achseln. „Das ist doch sonnenklar. Ich mag den Bauern nicht, aber ich bin trotzdem immer nett und höflich zu ihm."

„Ein Jammer, dass du nicht zu uns nett und höflich bist", murmelte Elli.

„Mose jedenfalls erzählte Gott, was der König gesagt hatte, obwohl Gott das natürlich längst wusste. Gott versprach Mose, dass der König seine Meinung noch ändern würde. Und er hielt sein Versprechen. Aber erst schickte er noch zehn furchtbare Plagen über Ägypten."

„Was denn zum Beispiel?", fragte Stummel aufgeregt.

„Zuerst färbte Gott das Wasser im großen Fluss Nil blutrot. Es stank fürchterlich und die Fische darin starben, weil sie nicht mehr atmen konnten. Und niemand hatte mehr frisches Wasser zu trinken."

Die Freunde ließen ihren Blick über das weite blaue Meer gleiten.

„Pfui", brummte Bruno.

„Riesenpfui!" Elli schüttelte sich.

„Stellt euch mal vor, das ganze schöne Meer vor uns wäre blutrot", meinte Stummel. Er sah aus, als würde ihm der Gedanke gefallen.

„Und was passierte dann?" Hector kaute ungeduldig.

„Mose ging wieder zum König und verlangte Freiheit für die Sklaven, aber der König weigerte sich, das Volk ziehen zu lassen."

„Und dann?"

„Dann kamen riesige Froschscharen vom Fluss in die Städte gehüpft. Sie sprangen in die Häuser, in die Betten, sogar in die Öfen."

„Was ist denn daran so schlimm?", wollte Elli wissen. „Ich mag Frösche."

„Aber die Ägypter nicht!", sagte Christopher. „Der König machte sich allmählich Sorgen und versprach Mose, dass er die Sklaven freilassen würde, wenn die Frösche verschwinden. Aber als die Frösche endlich weg waren, da …"

„… änderte der König seine Meinung", sagte Hector.

„Genau. Also schickte Gott noch schlimmere Plagen. Riesige Mücken- und Fliegenschwärme kamen über das Land. Tiere starben und auch die Menschen wurden krank. Aber der König weigerte sich noch immer, die Israeliten ziehen zu lassen.

Da schickte Gott ein schreckliches Unwetter mit gewaltigen Hagelkörnern, aber der König blieb stur."

„Ich hätte längst nachgegeben", meinte Hector.

„Ich auch." Bruno nickte.

„Also, ich bin mir da nicht so sicher", sagte Stummel. „Ich mag es kein bisschen, wenn man mich herumschubst, und ich finde, Gott hat sich verhalten wie ein grausamer Herrscher."

„Nein, hat er nicht", entgegnete Elli. „Denk doch an die armen Sklaven und ihr hartes Leben! Wenn wir schon von grausamen Herrschern reden, dann war ja wohl der König einer. Er war furchtbar gemein und böse! Ihm waren die Sklaven egal und sein eigenes Volk. Sonst hätte er ihm doch nicht die furchtbaren Plagen zugemutet."

Christopher erzählte weiter: „Dann schickte Gott eine Heuschreckenplage. Die Heuschrecken fraßen alle Felder leer. Es gab nichts mehr zu essen."

„Und was hat Mose gemacht?", fragte Bruno.

„Versucht, nicht aufzufallen und den Mund gehalten – jedenfalls hätte ich das gemacht", meinte Hector, der am Gras schnupperte.

„Das konnte er nicht", erwiderte Christopher. „Er hatte doch Gott ein Versprechen gegeben. Nach jeder Plage ging er wieder zum König und verlangte von ihm, endlich die Sklaven freizulassen. Langsam wurden die Berater des Königs nervös. ‚Bitte, lass sie doch ziehen', flehten sie ihn an. Der König dachte nach und willigte schließlich ein, aber dann …"

„… änderte er wieder seine Meinung", riefen Hector, Elli und Bruno wie aus einem Mund.

„Also schickte Gott eine große Dunkelheit über das ganze Land. Drei Tage blieb es finster. Der König war rasend vor Wut. ‚Haut ab aus unserem Land!', schrie er Mose drohend an. ‚Und wenn du es noch einmal wagst, zu mir zu kommen, bringe ich dich um!'

Mose sagte dem König, dass Gott eine letzte, furchtbare Plage schicken würde. Wenn der König sich immer noch weigern sollte, sein Volk freizulassen, sollte um Mitternacht in jeder ägyptischen Familie der zuerst geborene Sohn sterben."

Den Tieren stockte der Atem. Es war mucks-mäuschenstill.

„Das ist ganz schön hart", sagte Elli schließlich.

„Glaubt ihr, Gott meinte das ernst?" Bruno war ziemlich entsetzt.

„Ich glaube, Gott meint immer ernst, was er sagt", überlegte Christopher.

„Seht ihr, Gott ist eben doch ein grausamer Herrscher." Stummel fühlte sich bestätigt.

„Vielleicht muss man es eher so sehen", gab Christopher zu bedenken, „Gott hatte den Israeliten versprochen, sie zu befreien, und sie vertrauten ihm. Wenn ihr Gott wärt und die ganze Welt gemacht hättet, würdet ihr euch dann nicht auch um die Leute kümmern, die an euch glauben und euch vertrauen? Ihr würdet nicht wollen, dass sie geschlagen werden, nichts zu essen bekommen und sich zu Tode arbeiten müssen. Ihr würdet wollen, dass sie frei sind, damit sie in Frieden leben können. Oder?"

„Nicht wirklich", sagte Stummel.

„Bloß gut, dass du nicht Gott bist", murmelte Hector.

„Und es ist ja auch nicht so, als hätte Gott dem König nicht genügend Gelegenheiten gegeben, seine Meinung zu ändern", betonte Bruno.

„Er hat ja seine Meinung geändert."

„Und dann gleich noch mal."

„Ich glaube, Gott will nicht, dass es Sklaven gibt", überlegte Hector. „Er will, dass alle frei sind."

„Der arme Mose tut mir leid", sagte Elli auf einmal. „Er hatte eine schwere Aufgabe. Immerzu musste er wieder zum König gehen."

„Und sein Bruder auch", ergänzte Bruno. „Ich meine, er war ja derjenige, der mit dem König reden musste."

Christopher erzählte weiter:. „Gott erklärte Mose genau, was die Isreliten tun sollten, damit ihre Kinder nicht von der Plage getroffen wurden und ihre ältesten Söhne am Leben blieben. Und in dieser Nacht starben dann tatsächlich alle anderen erstgeborenen Söhne in Ägypten."

„Uff", ächzte Elli.

„Nach dieser letzten furchtbaren Plage, bei der auch sein eigener Sohn starb, gab der König endlich nach. Er befahl Mose, die israelitischen Sklaven sofort zusammenzurufen und so schnell wie möglich aus dem Land zu bringen. Und genau das tat Mose auch."

„Und damit ist die Geschichte zu Ende", meinte Elli, stand auf und schüttelte sich den Sand aus dem Fell.

„Noch nicht."

Elli legte sich wieder hin.

„Gott hatte den Israeliten ein eigenes Land versprochen, aber er verriet ihnen nicht, wo es war und wie sie hinkommen würden. Er wollte sie nicht auf der kürzesten Route führen, sondern führte sie auf einem langen Umweg in die Wüste."

„Und woher wussten sie, wo sie langgehen sollten?", wollte Hector wissen.

„Gott zeigte ihnen den Weg. Tagsüber ging er als Wolkensäule vor ihnen her, nachts als Feuersäule."

„Ein Navi wäre einfacher gewesen."

„Das hatte damals aber noch niemand erfunden", sagte Bruno kopfschüttelnd.

Stummel meldete sich zu Wort. „Was hat eigentlich der König gemacht, so ganz ohne seine Sklaven?"

„Gute Frage", antwortete Christopher. „Was meinst du, was er getan hat?"

„Seine Meinung geändert!", rief Stummel aufgeregt.

„Genau. Er änderte seine Meinung. Als alle Sklaven fort waren, hatte er niemanden mehr, der ihm die großen Städte baute. Und natürlich hatte er die Plagen längst wieder vergessen."

„Ein schöner König war das", kommentierte Elli. „Ich dachte, er hätte langsam begriffen, dass Gott stärker ist als er."

„Ja, ein schöner König war das. Er schickte seine Armee in die Wüste, um die Israeliten zurückzuholen. Seine Soldaten hatten Pferde und Streitwagen und waren viel schneller als die Sklaven, die zu Fuß gingen."

„Wenn ich ein ägyptisches Pferd gewesen wäre, hätte ich mich geweigert." Hector stampfte mit dem Huf.

„Das glaube ich gern", sagte Christopher. „Die Israeliten hatten ihr Lager am Schilfmeer aufgeschlagen und sahen die königliche Armee heranrücken. Sie bekamen es mit der Angst zu tun. ‚Wieso hast du uns aus Ägypten herausgeführt? Nur damit wir hier in der Wüste sterben?', beschwerten sie sich bei Mose. ‚Es wäre besser für uns gewesen, als Sklaven in Ägypten zu bleiben.'

Mose versuchte sie zu beruhigen. ‚Gott wird uns retten', sagte er."

„Die Israeliten saßen total in der Klemme", brummte Bruno. „Auf der einen Seite das Meer und auf der anderen die Armee? Das ist ja zum Fürchten!"

„Ich würde mich nicht fürchten", behauptete Stummel. „Ich würde Gott vertrauen."

„Ich dachte, du kannst Gott nicht leiden", erwiderte Elli. „Du hast gesagt, Gott ist ein grausamer Herrscher."

„Ja, schon, aber er ist eben auch der Stärkste."

„Mittlerweile hatte die Armee die Israeliten fast erreicht. Da gab Gott Mose den Auftrag, seinen Stab über das Wasser zu halten."

„Was ist ein Stab?", fragte Hector.

„Eine Art Stock, würde ich sagen", meinte Bruno. „Die Menschen nutzen ihn manchmal als Wanderstab, damit sie besser laufen können."

„Das kommt, weil sie nur zwei Beine haben anstatt vier", erklärte Stummel.

„Mose hielt seinen Stab über das Meer und mit donnerndem Getöse teilte es sich. Das Wasser türmte sich rechts und links auf und in der Mitte tat sich ein richtig breiter trockener Weg auf. Die Wolke, mit der Gott die Israeliten geführt hatte, stellte sich nun hinter sie und versperrte den Ägytern so den Blick. Die Israeliten liefen los und marschierten auf dem Weg mitten durchs Meer."

„Und die Fische?", fragte Elli plötzlich.

„Was meinst du?"

„Was ist mit den Fischen passiert, als sich das Meer teilte?"

„Gar nichts", sagte Christopher. „Darüber steht nichts in der Geschichte, aber bestimmt wurden sie rechts und links mit in die Wassermassen gespült."

„Und was passierte mit den Ägyptern?"

„Die ganze Nacht liefen die Israeliten durch das Schilfmeer. Am nächsten Morgen erreichten sie das trockene Ufer. Als die Ägypter sahen, was passiert war, stürmten sie den Israeliten hinterher. Da befahl Gott Mose wieder, seinen Stab über dem Meer auszustrecken. Und im selben Moment brachen die Wassermassen tosend über dem Weg zusammen und begruben die ägytischen Soldaten unter sich."

„Uff", schnaubte Elli.

„Und das ist das Ende der Geschichte, zumindest dieses Teils." Mit diesen Worten klappte Christopher die Bibel zu und sah in die Runde.

Es war ein wunderschöner Abend. Viel zu schön, um ihn drinnen zu verbringen. Bruno holte seine Gitarre, setzte sich auf die Treppe und fing an zu spielen.

„Das kann ich auch, wetten?", sagte Stummel. „Hier, lass mich mal!" Er schnappte sich die Gitarre. Dabei riss eine Saite.

„Jetzt guck dir an, was du gemacht hast!", schimpfte Elli.

„Ist nicht so schlimm, das kriege ich wieder hin", beschwichtigte Bruno und beugte sich über sein Instrument.

„Es ist sehr wohl schlimm!", bellte Elli. „Er schnappt sich deine Gitarre, ohne zu fragen, genau in dem Moment, wo du für uns spielen willst. Und er ist unhöflich und benimmt sich daneben. Wieso haut er nicht endlich ab und lässt uns in Ruhe?"

Wortlos stand Stummel auf und ging davon. Betroffen blickten sich Christopher und Bruno an.

„Ich gehe ihm nach", meinte Christopher.

Am Ufer holte er das Schweinchen ein.

„Keiner mag mich", klagte Stummel. „Ich weiß überhaupt nicht, warum."

„Nun, vielleicht wäre es anders, wenn du ein bisschen freundlicher und hilfsbereiter wärst."

„Aber ich weiß nicht, wie", sagte Stummel. Christopher fand, dass Stummel sehr klein und traurig aussah, wie er da so am Ufer stand.

„Warum gehst du nicht einfach zurück und entschuldigst dich?"

„Wofür denn?"

„Dafür, dass du einfach als blinder Passagier mitgefahren bist. Und dafür, dass du Brunos Gitarre an dich gerissen und eine Saite kaputt gemacht hast."

„Werden sie mich dann mögen?"

„Keine Ahnung, aber es wäre ein Anfang", sagte Christopher.

Stummel lief zurück über den Strand in Richtung Wagen. Christopher schaute ihm nach. Dann drehte er sich um und ließ den Blick über das Wasser schweifen. Die Sonne hatte gerade den Horizont erreicht und den Himmel in ein rotgoldenes Farbenmeer verwandelt. Am Strand wurden die Schatten immer länger.

Christopher drehte sich zum Zirkuswagen um. Stummel und Elli waren zusammen draußen und sammelten Zweige für ein Feuer, während Hector seinen Kopf in einen Sack Hafer getaucht hatte und zufrieden schnaufte. Bruno hatte seine Gitarre repariert und spielte leise vor sich hin.

„Danke, dass es hier so schön ist", sagte Christopher und schaute zum Himmel. „Danke für die Geschichte und für meine Freunde. Hilf Stummel, ein netteres Schweinchen zu werden. Er ist ja eigentlich nicht wirklich schlimm, nur ein bisschen leichtfertig."

Langsam schlenderte Christopher zum gemütlich leuchtenden Wagen zurück.

Freunde halten zusammen

„Zeit, nach Hause zu fahren", dachte Bruno, als er sich angeschaut hatte, was alles am alten Zirkuswagen zu reparieren war. Er lief um den Wagen herum. Die rote Farbe war verblichen und die gelbe Farbe der Räder ließ sich unter der dicken Dreckkruste kaum noch erkennen. Der Wagen brauchte dringend einen neuen Anstrich.

„Zeit, nach Hause zu fahren", dachte Hector und freute sich auf einen gemütlichen Liegeplatz im Stall. Er hatte den alten Wagen nun schon sehr lange gezogen. Und wenn es ihm auch meistens Spaß gemacht hatte, so sehnte er sich allmählich doch nach einer Pause.

„Zeit, nach Hause zu fahren", dachte Elli. Sie hatte die vielen Abenteuer genossen, konnte sich aber nichts Schöneres mehr vorstellen, als gemütlich auf ihrer weichen Hundedecke vor dem Kamin zu liegen.

„Zeit, nach Hause zu fahren", fand auch Christopher. Sehnsüchtig dachte er an sein schönes Zuhause, das er vor Monaten so überstürzt verlassen hatte. Wahrscheinlich sah es inzwischen ziemlich heruntergekommen und vernachlässigt aus. Er hatte noch nicht einmal abgewaschen. Im Spülstein stapelte sich bestimmt noch das schmutzige Geschirr …

Plötzlich fiel Chistopher ein, wie einsam er nach seiner Rückkehr wieder sein würde, und da musste er tief seufzen.

„Zeit, nach Hause zu fahren", dachte Stummel, der sich wieder im Wagen versteckt hatte. Stummel war nicht traurig. Er freute sich schon darauf, vor seinen Geschwistern mit seinen Abenteuern zu prahlen.

Die Tiere packten ihre Sachen zusammen, spannten Hector vor den Wagen und bogen auf die lange Straße ein, die vom goldenen Strand und dem blauen, blauen Meer wegführte.

Ihren ersten Halt machten sie auf Stummels Bauernhof. Als sie durch das Tor fuhren, kamen Stummels Geschwister mit Mutter und Vater ihnen quiekend entgegen. Stummel kletterte die Wagenstufen hinunter.

„Auf Wiedersehen", sagte Bruno.

„Auf Wiedersehen", sagten Hector und Christopher.

„Wiedersehen", sagte Elli und war froh, das Schweinchen endlich los zu sein.

„Tschüs!", rief Stummel den Freunden über die Schulter zu. Dann rannte er zu seiner Familie und prahlte: „Ihr werdet nie erraten, wo ich herkomme! Ich war am Meer!"

Die Schweine schlurften gemeinsam zum Schweinestall, während Stummel wie ein Wasserfall redete.

„Er hat noch nicht mal Danke gesagt, dass wir ihm zu essen gegeben und uns um ihn gekümmert haben", sagte Elli.

„Hast du was anderes erwartet?", fragte Bruno.

„Nicht wirklich."

Hector zog den Wagen in einer großen Kurve herum und die Freunde rollten vom Bauernhof weg in Richtung Heimat.

Sie fuhren viele Kilometer. Bruno, Elli und Hector sangen ein Lied nach dem anderen. Christopher stimmte immer wieder kurz mit ein, aber so richtig war ihm nicht nach Singen zumute.

Irgendwann fanden sie in einem Maisfeld einen guten Stellplatz für die Nacht. Der Mais war längst abgeerntet, sodass auf dem Feld nur noch die Stoppeln standen. Der Wagen holperte darüber und Hector beschwerte sich, dass die Stoppeln ihn an den Beinen kratzten.

Nach dem Abendessen wandte sich Bruno an Christopher und bat ihn: „Liest du uns noch eine Geschichte vor? Eine allerletzte?"

„Wenn ihr wollt", antwortete Christopher, obwohl ihm auch nicht nach Vorlesen war. Er hätte lieber einen langen Spaziergang gemacht, um in Ruhe unglücklich zu sein, ohne seine Freunde traurig zu machen.

Christopher nahm die Bibel und blätterte darin. „Wie wäre es mit … der Geschichte von Rut? Würde euch die gefallen?"

„Woher sollen wir das wissen?", erwiderte Elli. „Wir kennen sie ja noch nicht."

„Alle anderen Geschichten haben uns gefallen, also wird es jetzt nicht anders sein", sagte Bruno und machte es sich im Wagen genauso gemütlich wie Elli. Hector steckte den Kopf durchs Fenster herein.

„Vor vielen, vielen Jahren zog ein Mann, der Elimelech hieß, mit seiner Frau Noomi und seinen zwei Söhnen von Bethlehem in das Land Moab."

„Waren sie auf Urlaubsreise mit einem Zirkuswagen wie wir?", fragte Elli.

„Nein. Sie zogen fort, weil in ihrem Land die Ernte sehr schlecht ausgefallen war und die Menschen hungerten. Nirgends gab es etwas zu essen. Nach einiger Zeit starb Elimelech, aber Noomi hatte ja noch ihre Söhne. Die beiden heirateten Mädchen aus Moab, aber irgendwann starben auch die beiden Söhne."

„Das ist ja eine traurige Geschichte", meinte Hector.

„Sie wird aber besser", antwortete Christopher und schielte aufs Ende der Geschichte. „Noomis Schwiegertöchter jedenfalls …"

„Was sind Schwiegertöchter?", fragte Hector.

„Die Frauen der Söhne, natürlich", erklärte Bruno.

„Kann ich ja nicht wissen", murmelte Hector beleidigt. „Wie soll man da den Überblick behalten, wenn ständig überall die Leute sterben."

„Sie sterben nicht überall", erklärte Bruno geduldig. „Sie starben in einem Land, das Moab hieß." Er wusste, dass Hector manchmal etwas länger brauchte, um die Dinge richtig zu verstehen. „Außerdem ist es gar nicht so kompliziert. Zuerst starb Noomis Mann und dann, viel später, starben ihre beiden Söhne. Also gab es nur noch deren Frauen …"

„… Orpa und Rut", setzte Christopher seine Erzählung fort. „Sie waren sehr nette junge Frauen und als Noomi beschloss, wieder in ihre Heimat nach Bethlehem zurückzukehren, wo der Rest ihrer Verwandtschaft noch lebte, wollten die beiden sie nicht allein gehen lassen, sondern sie begleiten."

„Ich dachte, dort gab es nicht genug zu essen", sagte Elli.

„Mittlerweile schon. Es waren ja viele Jahre seit der großen Hungersnot vergangen", sagte Christopher. „Also packten Noomi, Orpa und Rut ihre Sachen und machten sich auf den Weg nach Bethlehem. Aber unterwegs hielt Noomi plötzlich an, umarmte ihre Schwiegertöchter und bat sie, wieder nach Hause zu gehen und zu ihren eigenen Familien zurückzukehren. Bestimmt bedankte sie sich auch, dass die beiden Frauen sie so weit begleitet hatten."

„Warum wollte Rut sie dann aber auf einmal nicht mehr mitnehmen?", fragte Bruno.

Christopher überlegte. „Vielleicht, weil sie es unfair fand, die beiden in ein Land zu bringen, wo sie niemanden kannten. Dort herrschten andere Sitten, vielleicht sprach man sogar eine andere Sprache.

Orpa und Rut wollten Noomi eigentlich nicht allein ziehen lassen, aber Noomi ließ nicht locker. Schließlich war zumindest Orpa bereit, auf Noomi zu hören. Sie gab ihrer Schwiegermutter einen Abschiedskuss und kehrte nach Moab zurück. Aber Rut weigerte sich. ‚Zwinge mich nicht, dich zu verlassen', sagte sie. ‚Wohin du gehst, gehe ich auch, und wo du wohnst, will ich auch wohnen. Deine Freunde und Verwandten sollen auch meine sein und dein Gott soll mein Gott sein.'"

„Das war aber sehr lieb von ihr." Bruno war beeindruckt.

„Wieso wollte Rut denn nicht einfach nach Hause gehen?", fragte Hector.

„Vielleicht brauchte sie einfach mal ein bisschen Abwechslung", mutmaßte Elli, „oder ein wenig Abenteuer. Wir wollten doch auch mal etwas Neues sehen und ein paar Abenteuer erleben und sind deswegen mit dem alten Zirkuswagen losgezogen. Ihr ging es bestimmt genauso."

„Aber eine Urlaubsreise wie bei uns und seine Heimat und seine Freunde für immer zu verlassen, das sind doch zwei völlig verschiedene Sachen", warf Bruno ein. „Ich finde, Rut war sehr mutig."

„Ja, aber wieso hat sie das gemacht?" Hector konnte es einfach nicht verstehen.

„Ich glaube, weil sie Noomi so lieb hatte", sagte Christopher. „Und vielleicht tat Noomi ihr leid, weil sie schon ihren Mann und ihre Söhne verloren hatte. Rut wollte nicht, dass Noomi ganz allein zurückblieb. Jedenfalls gingen die beiden zusammen weiter, bis sie nach Bethlehem kamen. Die Frauen in der Stadt empfingen Noomi sehr freundlich."

„Aber wovon wollten sie denn leben?", fragte Bruno.

„Die beiden waren gerade zur Erntezeit nach Bethlehem gekommen. Und damals war es üblich, dass arme Leute dort, wo das Getreide schon geerntet worden war, noch einmal Nachlese halten durften. Sie gingen hinter den Erntearbeitern her und sammelten auf, was die Helfer übersehen hatten. So machte Rut es auch. Auf diese Weise hatten die beiden Frauen etwas zu essen."

„Gab es denn keine Maschinen für die Ernte?", fragte Hector.

„Damals noch nicht. Alles musste von Hand gemacht werden."

„Das ist aber ein langweiliger Speiseplan", stellte Elli naserümpfend fest. „Getreide, Getreide und nichts als Getreide. Darauf hätte ich überhaupt keine Lust."

„Besser als gar nichts", brummte Bruno.

„Das Feld gehörte einem Mann namens Boas. Als er eines Tages nachschaute, wie es bei der Ernte lief, fiel ihm Rut auf. ‚Wer ist die junge Frau?', fragte er den Verwalter. ‚Sie kam mit Noomi aus Moab', antwortete dieser. ‚Heute früh hat sie mich gefragt, ob sie die liegen gebliebenen Getreideähren auflesen dürfe. Und seitdem sammelt sie ununterbrochen.'

Boas ging zu Rut und sagte, sie sollte nur noch auf seinem Feld Nachlese halten. Er würde auf sie aufpassen. Außerdem sollte sie sich ruhig etwas zu trinken aus den Wasserkrügen seiner Arbeiter nehmen, wenn sie Durst hätte."

„Wieso hat er das gemacht?" Elli schaute fragend.

„Weil er ein gutes Herz hatte. Und weil er mit Elimelech verwandt war."

„Wer ist das nun schon wieder?" Hector blickte einfach nicht durch.

„Noomis verstorbener Ehemann, du Holzkopf", bellte Elli ungeduldig.

„Ich bin kein Holzkopf. Ich bin nur manchmal etwas langsam."

„Nicht, wenn du den Wagen ziehst", sagte Elli und schmunzelte.

„Das ist auch was anderes."

„Darf ich weitererzählen?", fragte Christopher etwas ungeduldig.

„Ja."

„Auch Rut wollte von Boas wissen, warum er so nett zu ihr war."

„Ja, wieso?" Elli schien noch nicht zufrieden.

„Boas antwortete: ,Ich habe von den Leuten gehört, wie gut du zu Noomi gewesen bist. Und ich weiß auch, dass du deine eigenen Eltern verlassen hast, um mit Noomi in ihr Heimatland zu gehen.

Sammle gern so viel Getreide, wie du magst. Und setz dich zu meinen Erntearbeitern, wenn du Hunger oder Durst hast. Sie werden dir von ihren Vorräten abgeben.'"

„Interessant", meinte Hector.

„Was ist interessant?", hakte Bruno nach.

„Eine gute Tat führt irgendwie immer zur nächsten. Wenn ich nett zu euch war und nicht genörgelt habe, weil ihr weiter fahren wolltet als ich, dann wart ihr meistens auch nett zu mir und habt mir eine Extraportion Hafer oder ein besonderes Leckerli gegeben. Was ich damit sagen will", beschloss Hector seine kleine Rede, „wenn du nett zu andern bist, dann sind sie meistens auch nett zu dir. Ganz nach dem Motto: Wie du mir, so ich dir."

„Du bist gar nicht so langsam im Denken, wie ich dachte", sagte Elli ehrlich beeindruckt.

Hector neigte verschämt seinen Kopf. „Vielen Dank."

„Aber andersherum funktioniert es auch", ergänzte Bruno. „Wenn du zu anderen gemein bist, sind sie auch gemein zu dir."

„Wie Stummel", warf Elli ein.

„Stummel ist nicht gemein", widersprach Bruno. „Nur ziemlich unreif und egoistisch."

„Ist das nicht dasselbe?"

Darauf wusste niemand etwas zu sagen. Also erzählte Christopher weiter. „Boas befahl seinen Leuten, absichtlich Ähren übrig zu lassen, damit Rut viel sammeln konnte. Noomi war sehr froh, als sie hörte, wie gut Boas es mit ihrer Schwiegertochter meinte.

Rut ging also jeden Tag aufs Feld, bis die Ernte eingebracht war. Sie und Boas wurden Freunde und schließlich heirateten sie sogar. Noomi freute sich sehr darüber. Und sie war noch glücklicher, als Rut und Boas einen kleinen Sohn bekamen. Und damit ist diese Geschichte zu Ende."

Christopher klappte die Bibel zu.

„Was ist eigentlich ein Freund?", fragte Elli.

„Jemand, der sich um dich kümmert und dir Hafer gibt, wenn du Hunger hast", antwortete Hector.

„Ich mag aber keinen Hafer und anderes Getreide auch nicht."

„Ein Freund ist einfach jemand, mit dem man sich gut versteht", brummte Bruno. „Aber das ist nicht alles."

„Ein echter Freund ist jedenfalls nicht egoistisch", sagte Christopher. „Rut wollte vielleicht gar nicht in ein anderes Land gehen, aber sie tat es, weil sie Noomi lieb hatte und sie nicht alleinlassen wollte."

„Und Noomi war auch nicht egoistisch", ergänzte Elli. „Sie hätte von ihren Schwiegertöchtern verlangen können, dass sie mitkommen, aber das hat sie nicht."

„Ich finde, ein Freund ist jemand, der hält, was er verspricht", sagte Bruno.

„Ich halte nicht immer, was ich verspreche", beichtete Elli. „Manchmal bin ich sogar richtig schlecht darin."

Bruno lachte. „Stimmt doch gar nicht. Jedenfalls gibst du dir immer Mühe, das zu tun, was du versprochen hast. Fehler machen wir doch alle mal."

„Ich finde, ein Freund ist jemand, dem du nicht egal bist", schlug Christopher vor. „Ganz gleich, was du sagst oder tust, ein echter Freund will immer nur das Beste für dich."

„So wie Gott?", fragte Elli.

„Genau. So wie Gott."

Darüber mussten die Tiere eine Weile nachdenken.

„Ihr seid alle meine Freunde", sagte Christopher schließlich und klang dabei ziemlich traurig. „Ich werde euch bestimmt sehr vermissen."

Bruno lächelte. „Wir werden dich auch vermissen. Und deswegen treffen wir uns bald wieder und erleben neue Abenteuer."

„Und ihr wollt mich wirklich dabeihaben?"

„Natürlich."

„Wir denken gar nicht daran, ohne dich zu fahren", sagte Hector feierlich.

Einige Tage später hielt der alte Zirkuswagen an der Straße vor Christophers Haus. Mit schwerem Herzen kletterte der kleine Hase die Stufen hinunter – ganz vorsichtig, denn er hielt sein Buch in den Händen.

„Machs gut", brummte Bruno.

„Machs gut", bellte Elli.

„Und bis bald", wieherte Hector und zog an.

„Nicht so schnell!", mahnte Bruno und klammerte sich an die Tür. „Du wirfst noch den Wagen um!"

„Quatsch!" Hector schnaubte und galoppierte noch schneller. Christopher sah ihnen nach, bis der Wagen in einer Staubwolke verschwunden war.

„Ich vermisse euch jetzt schon", sagte er leise und seufzte tief. Dann hoppelte er den kleinen Pfad entlang, öffnete die Tür zu seinem Haus und blieb wie angewurzelt stehen.

„Willkommen zu Hause!"

Christopher kniff die Augen zusammen. Hatte er sich etwa verguckt? Nein, alle seine Nachbarn standen, lagen und hockten um den Tisch herum, der sich vor leckerem Essen nur so bog.

Ungläubig schaute Christopher sich um. Das Zimmer war hell und aufgeräumt. Kein Staubkörnchen lag herum und überall glänzte es vor Sauberkeit. Kein einziger schmutziger Teller stand im Spülstein.

„Aber …", stotterte Christopher. „Was …"

„Wir wussten, dass du nach Hause kommst", sagte Mimi, die Katze, und versuchte ein Glas auf ihrem Schwanz zu balancieren. „Da wollten wir dich alle herzlich willkommen heißen."

Mimi wohnte gleich nebenan und war ziemlich stolz darauf, immer über alles Bescheid zu wissen.

„Das war Mimis Idee", sagte Benni Biber. „Sie hat gesehen, wie du damals in diesen alten Zirkuswagen eingestiegen bist, und dann hat sie uns Bescheid gesagt, dass du wiederkommst."

„Woher wusstest du, wann ich komme?"

„Da musst du das kleine Schweinchen fragen", maunzte Mimi selbstzufrieden. „Ein Spatz flog gerade über den Bauernhof, als das Schweinchen allen lautstark von seinen Abenteuern erzählte, die es mit ein paar Tieren in einem alten roten Zirkuswagen erlebt hatte. Es erwähnte auch einen Hasen, der Geschichten erzählte. Da wusste ich, dass du es sein musstest. Der Spatz musste das natürlich gleich weitererzählen – du weißt ja, wie Vögel sind." Mimi mochte Vögel nicht besonders. „Und irgendwann hörten wir dann auch davon", fügte sie hinzu.

„Und ich habe dich gesehen, als ich Nüsse sammeln war", keckerte das Eichhörnchen. „Da bin ich natürlich gleich hergeflitzt, um Bescheid zu geben, dass du heute kommst."

„Das ist so nett von euch", sagte Christopher ergriffen.

Benni hüstelte verlegen. „Ach, ist doch nicht der Rede wert."

„Du bist so überstürzt aufgebrochen, dass du noch nicht mal zugeschlossen hast", fuhr Mimi fort. „Und ich dachte mir, es wäre doch traurig, wenn du in ein unaufgeräumtes Zuhause kommst. Also habe ich alle zusammengetrommelt, damit wir erst einmal ordentlich aufräumen. Und dabei haben wir dann die hier gefunden …" Sie schlug mit der Schwanzspitze auf einen Stapel mit Einladungskarten, der mitten auf dem Tisch lag.

„Du hast vergessen, sie abzuschicken …"

„Und deswegen wusste niemand von deiner Geburtstagsparty …", ergänzte der Maulwurf.

„Weswegen niemand gekommen ist", stellte Benni fest.

„Da dachten wir, wir machen einfach eine nachträgliche Geburtstagsfeier und ein Willkommensfest zusammen", beendete Mimi triumphierend ihren Bericht.

Christopher war so überwältigt, dass er sich erst einmal auf den Boden setzen musste.

„Ich wusste gar nicht, was für tolle Freunde ich habe", sagte er schließlich gerührt. „Das habe ich wirklich nicht verdient."

„Unsinn", erwiderte Benni. „Hier, trink erst mal was. Und nimm dir was zu essen."

Sie feierten fröhlich und lange das Wiedersehen mit Christopher. Es war schon spät, als die Gäste gingen. Mimi half noch beim Aufräumen, bevor sie sich auf den Heimweg machte. Und dann setzte sich Christopher mit einem Glas Holunderblütensaft allein in seinen Lieblingssessel vor den Kamin.

„Was bin ich nur für ein dummer Hase", dachte er. „Es war ganz allein meine Schuld, dass keiner zu meiner Party gekommen ist."

Er überlegte.

„Aber wenn ich die Einladungen doch abgeschickt hätte, dann hätte ich Bruno, Elli und Hector nicht kennengelernt und die vielen Abenteuer hätte ich auch verpasst. Ganz zu schweigen von dem Buch, das ich nicht gefunden hätte."

Er nippte an seinem Glas.

„Hast du das für mich auf die Straße gelegt, lieber Gott?"

Der kleine Hase trank seinen Holunderblütensaft aus, räkelte sich und starrte noch ein bisschen in das verglühende Feuer.

„Ich finde es gut so, wie es gekommen ist. Ich hätte niemals so gute neue Freunde gefunden und ich hätte nie bemerkt, was für liebe Nachbarn ich habe. Außerdem hätte ich nie herausgefunden, was für spannende Geschichten in der Bibel stehen. Danke, lieber Gott, für alles, was passiert ist. Und für meine vielen Freunde. Ich will auch ein guter Freund sein. Hilfst du mir dabei?"

Überglücklich schlief Christopher ein.

Auszug aus

Das Stinktier kann doch nichts dafür

Herr Noah bekommt einen Auftrag

Herr Noah war schon ziemlich alt, als Gott eines Tages ein ernstes Gespräch mit ihm führte.

„Es tut mir leid, dass ich es so sagen muss, Herr Noah. Aber unter all den Menschen dieser Erde, die ich geschaffen habe, bist du der einzige, der nach mir fragt. Ich habe lange Geduld gehabt, aber die Menschen sind böse, und es wird immer schlimmer mit ihnen. Ich werde noch einmal ganz von vorn anfangen."

Herr Noah war sehr erschrocken, als er das hörte, aber er musste zugeben, dass Gott recht hatte.

„Was willst du tun?", fragte er.

Gott seufzte. „Ich werde wohl alles, was lebt, vernichten müssen", sagte er traurig. „Aber dich will ich retten, Herr Noah, und deine Frau auch. Und auch deine drei Söhne, Sem, Ham und Jafet, und ihre Frauen. Und von allen Tieren, die es auf der Erde gibt, werde ich je zwei, ein Männchen und ein Weibchen, verschonen, denn sie sind alle sehr wichtig. Ich verlasse mich auf dich, Herr Noah. Du wirst dich um die Tiere kümmern und sie versorgen. Ich habe mir das folgendermaßen vorgestellt …"

Und dann erklärte Gott Herrn Noah, dass er aus Holz ein großes Schiff, eine Arche, bauen sollte. Darin würden Herr Noah, seine Familie und die

Tiere in Sicherheit sein, wenn Gott die große Flut schickte.

Herr Noah war handwerklich nicht besonders

geschickt, aber seine Söhne und die Schwiegertöchter halfen ihm, und so wurde die Arche rechtzeitig fertig. Sie schafften jede Menge Futter und Nahrungsmittel herbei, und dann kam der große Tag, an dem Herr Noah, mit einer tiefen Sorgenfalte auf der Stirn und einer langen, langen Liste in der Hand, am Eingang der Arche stand und alle Tiere abhakte, die das Schiff bestiegen.

Da waren wilde und zahme Tiere, Reptilien und Insekten, Raubtiere und Vögel. Da waren große und kleine Tiere, hässliche und hübsche, angriffslustige und gutmütige. Je ein Männchen und ein Weibchen von jeder Sorte bestiegen die Arche.

Fische und andere Meerestiere waren allerdings keine dabei, denn die brauchten ja nicht vor einer Flut gerettet zu werden.

Als sie alle im Bauch des großen Schiffes verschwunden waren, schloss Gott hinter ihnen die Tür.

„Ist die Arche auch wasserdicht?", fragte Herr Noah besorgt.

„Natürlich", antwortete Gott. „Und jetzt hör endlich auf, dir Sorgen zu machen, Herr Noah. Sieh lieber zu, dass alle ihren Platz finden, denn in sieben Tagen werde ich den Regen schicken."

Also ging Herr Noah in die große Halle, die sich in der Mitte der Arche befand. Und wenn er sich vorher schon Sorgen gemacht hatte, dann packte ihn jetzt das blanke Entsetzen.

Denn da waren Löwen und Tiger, Lamas und Giraffen, Leoparden und Eidechsen, Schafe und Kühe, Pferde und Ziegen, Esel, Elefanten, Kamele, Affen, Schlangen, Vögel … alles, was du dir vorstellen kannst, und dazu noch all die anderen Tiere, die du dir nicht vorstellen kannst. Nicht nur eins, sondern zwei von jeder Sorte liefen in der großen Halle herum, diskutierten und stritten, quakten, kreischten und machten den fürchterlichsten Lärm, den man je gehört hat.

Frau Noah und ihre drei Schwiegertöchter hatten sich ängstlich in einer freien Kabine eingeschlossen; ihre drei Söhne hockten in einer Ecke und wurden von zwei böse blickenden Ameisenfressern bewacht.

Herr Noah schloss für einen Moment die Augen.

„Wieso ich, Gott?", fragte er. „Wo ich doch mit Tieren überhaupt nichts anfangen kann …"

Aber Gott war gerade damit beschäftigt, den mächtigen Sturm vorzubereiten, den er über die Welt schicken wollte, und antwortete nicht. Außerdem hatte er volles Vertrauen zu Herrn Noah.

Herr Noah machte die Augen wieder auf.

„Ruhe!", schrie er, und seine Stimme klang viel tapferer, als ihm eigentlich zumute war.

Zu seiner großen Überraschung wurden die Tiere tatsächlich still.

„Also dann", sagte Herr Noah. „Wir werden hier mindestens vierzig Tage und vierzig Nächte zusammen verbringen – denn so lange soll es regnen, hat Gott gesagt. Darum müssen wir versuchen, miteinander auszukommen. Jeder muss bereit sein, zu geben und zu nehmen."

„Alles klar", murmelte einer der Ameisenfresser. „Gib mir ein paar Ameisen, dann hab ich mit dem Nehmen keine Probleme."

Herr Noah beachtete ihn nicht weiter und fuhr fort: „Ich schlage darum die folgenden Regeln vor ..."

Der größere der beiden Löwen schüttelte seine prächtige Mähne und trat nach vorn.

„Entschuldige", sagte er mit verdrießlicher Miene. „Entschuldige, Herr Noah, aber ich bin der König der Tiere, und wenn irgendwelche Regeln aufzustellen sind, dann ist das meine Sache."

Einer der Tiger stand auf und streckte sich genüsslich. Seine großen Krallen kratzten über den Boden.

„Verzeihung", sagte er mit freundlicher Stimme. „Verzeihung, aber wir Tiger waren immer der Meinung, wir seien die wichtigsten Tiere. Und wenn hier irgendwelche Entscheidungen getroffen werden sollen, dann werden wir uns darum kümmern!"

„Ich fordere dich zum Zweikampf!", fauchte der Löwe.

„Wie Sie wünschen", erwiderte der Tiger honigsüß.

Beide Tiere fletschten die Zähne, und eine Minute später wären sie sich an die Gurgel gesprungen, wenn Herr Noah sich nicht eingeschaltet hätte.

„Benehmt euch!", schrie er.

Zu seinem größten Erstaunen schlichen der Löwe und der Tiger in verschiedene Ecken der Halle.

Durch den Erfolg ermutigt, redete Herr Noah weiter. „Ihr solltet euch schämen", sagte er ernst. „Gerade ihr beide solltet den anderen Tieren ein gutes Beispiel geben!"

von der gleichen Autorin
Avril Rowlands

Das Stinktier kann doch nichts dafür

Die schönsten Schmunzelgeschichten
aus der Arche.

3 Bücher in 1 Band

Taschenbuch
464 Seiten
ISBN 978-3-7655-4181-0